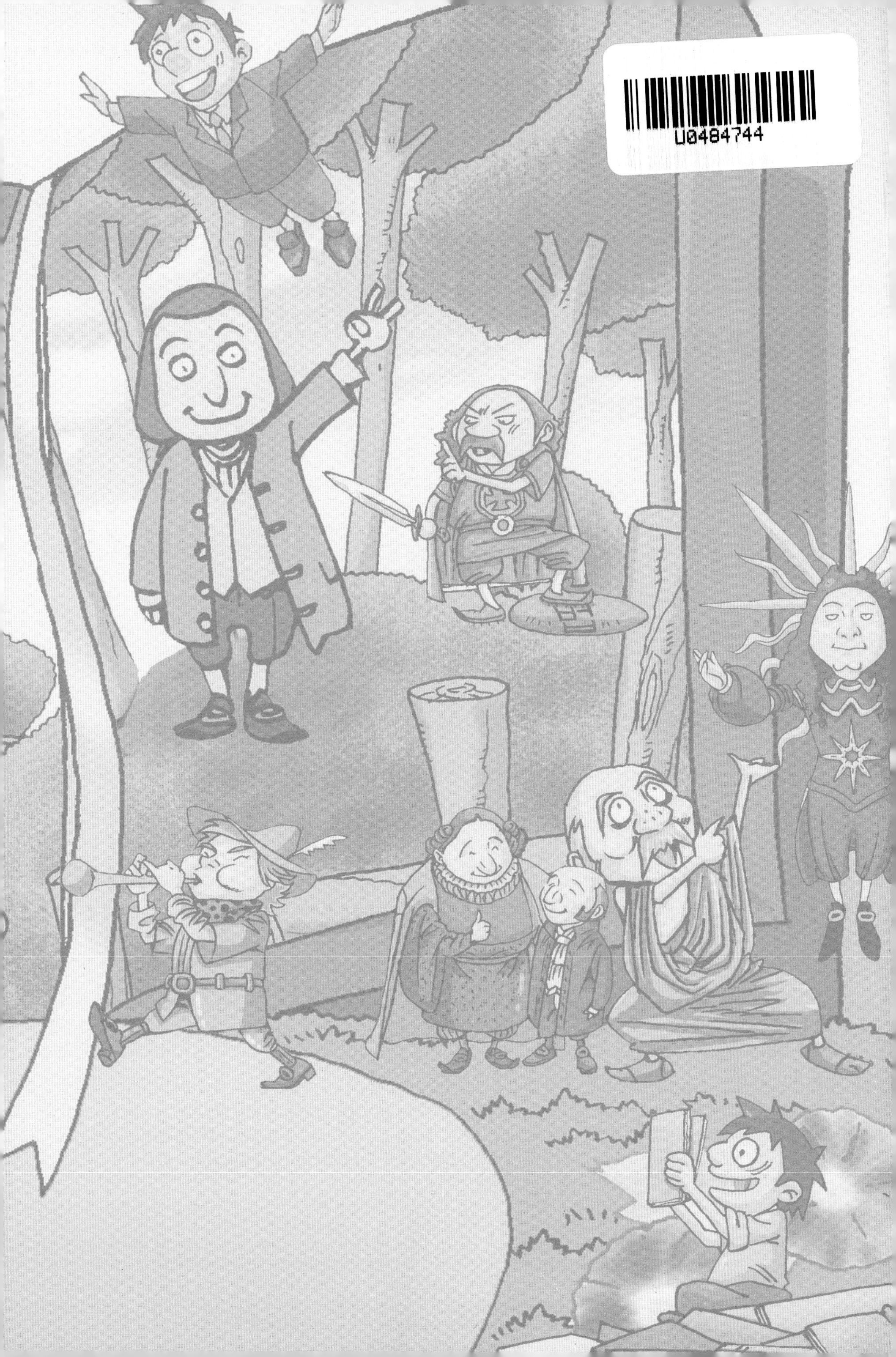

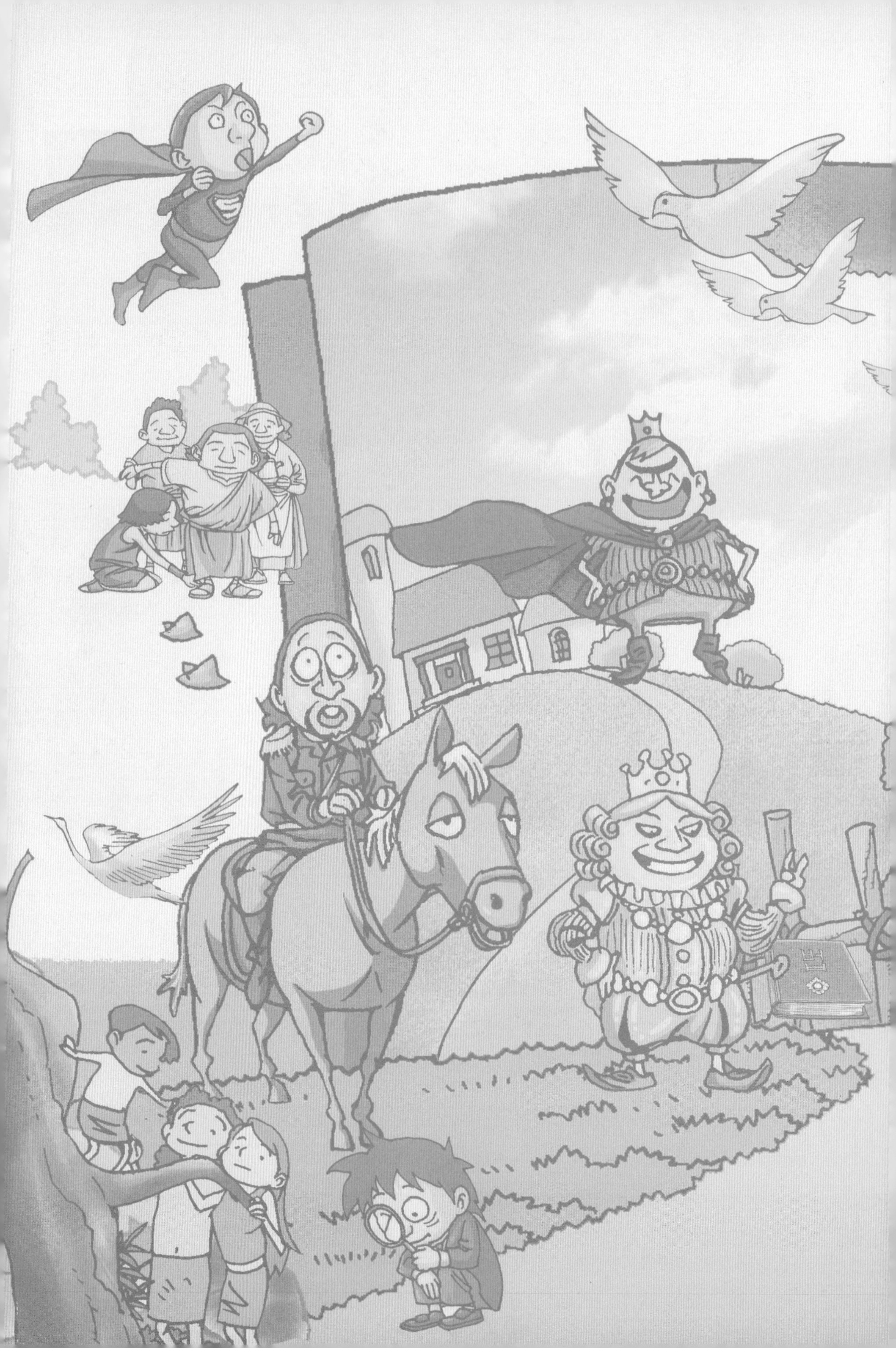

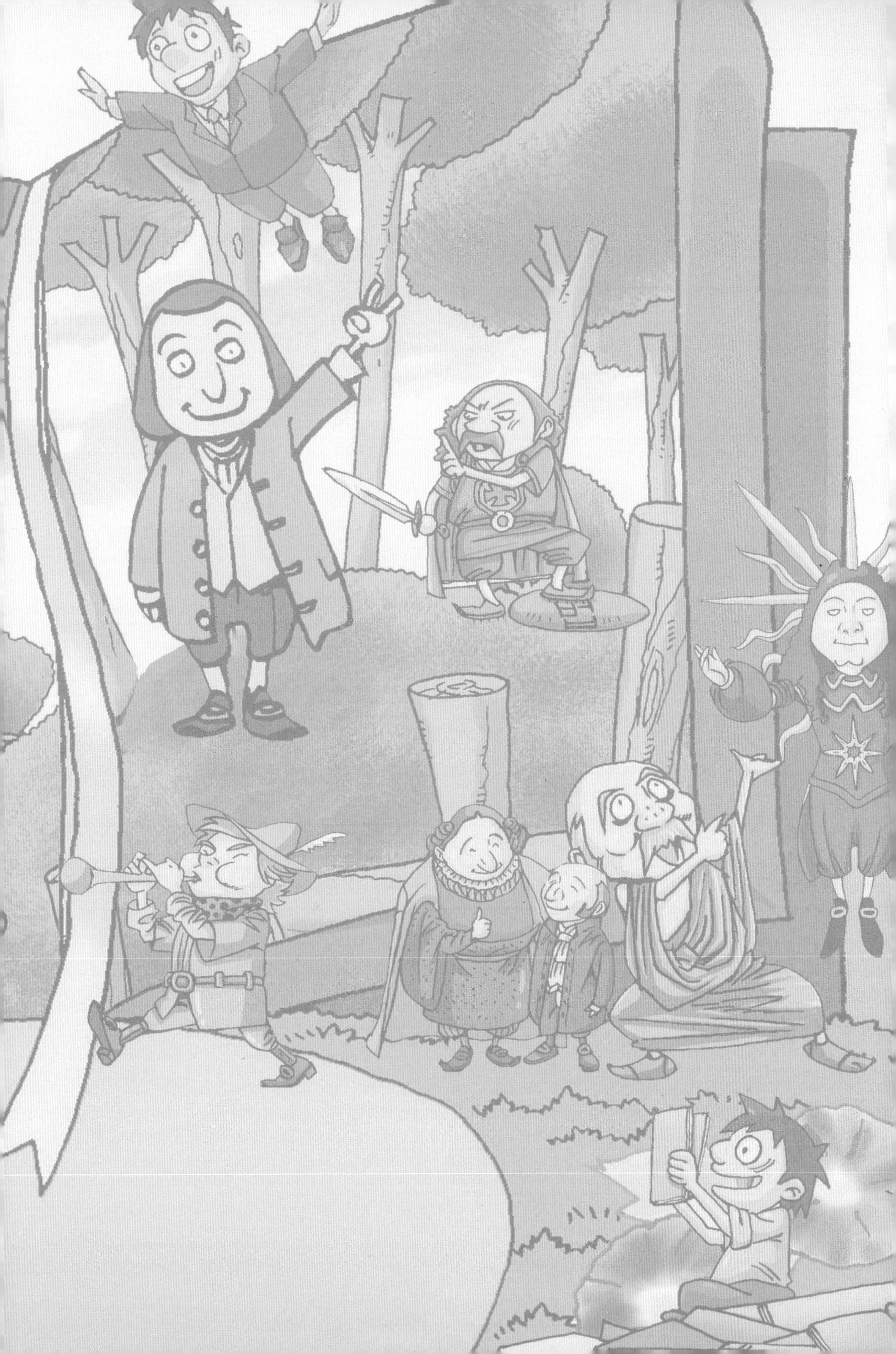

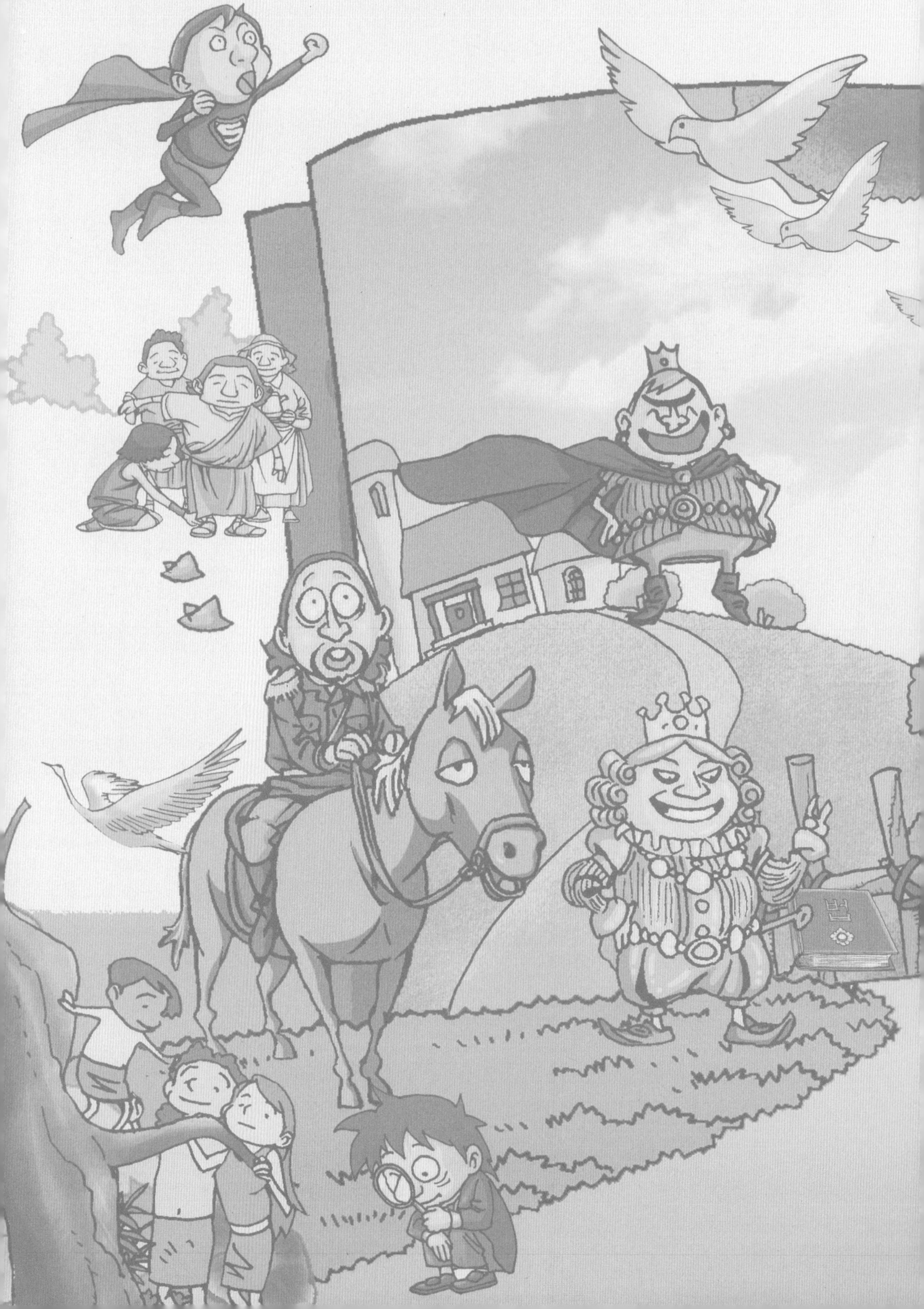

看漫画读经典系列

卢梭的
社会契约论

Du Contrat Social

［韩］孙永云 著　［韩］彭现俊 绘

杨俊娟　荀晓宁　周 欣　译
刘 倩　张树程　李子建

科学普及出版社
·北京·

图书在版编目（CIP）数据

卢梭的社会契约论 /（韩）孙永云著；（韩）彭现俊绘；杨俊娟等译.
北京：科学普及出版社，2014.7（2021.6重印）
（看漫画读经典系列）
ISBN 978-7-110-08036-8

Ⅰ.①卢… Ⅱ.①孙… ②彭… ③杨… Ⅲ.①政治哲学—法国—近代—通俗读物 Ⅳ.①B565.26-49 ②D095.654.1-49

中国版本图书馆CIP数据核字（2013）第002137号

The Social Contract by Jean-Jacques Rousseau Written by Sohn Young-Woon, Illustrated by Paeng Hyun-Joon,
Copyright © 2008 by Gimm-Young Publishers, Inc.
All rights reserved
Simplified Chinese copyright © 2014 by Popular Science Press
Simplified Chinese language edition arranged with Gimm-Young Publishers, Inc.
through Eric Yang Agency Inc.
版权所有 侵权必究
著作权合同登记号：01-2012-3081

策划编辑	任　洪　杨虚杰　周少敏
责任编辑	何红哲
封面设计	欢唱图文吴风泽
版式设计	青青虫工作室
责任校对	何士如
责任印制	李晓霖
出　　版	科学普及出版社
发　　行	中国科学技术出版社有限公司发行部
地　　址	北京市海淀区中关村南大街16号
邮　　编	100081
发行电话	010-62173865
传　　真	010-62173081
网　　址	http://www.cspbooks.com.cn
开　　本	787mm×1092mm　1/16
字　　数	262千字
印　　张	15.5
版　　次	2014年7月第1版
印　　次	2021年6月第12次印刷
印　　刷	北京博海升彩色印刷有限公司
书　　号	ISBN 978-7-110-08036-8/B·61
定　　价	37.00元

（凡购买本社图书，如有缺页、倒页、脱页者，本社发行部负责调换）

人是生而自由的，但却无往不在枷锁之中。

|策划者的话|

透过漫画，邂逅大师
让人文经典成为大众读本

　　40多年前，在我家的胡同口，有一个专门向小孩子出租漫画书的小店。地上铺着一张大大的黑色塑料布，上面摆满了孩子们喜欢的各种漫画书，只要花一块钱就可以租上一本。就是在那里，我第一次接触到漫画。那时我一边看漫画，一边学认字。从那个时候起，我就感受和领悟到了漫画的力量。

　　漫画使我与读书结下不解之缘。慢慢地我爱上了读书，中学时我担任班里的图书委员。当时我所在的学校，有一座拥有10万册藏书的图书馆，我几乎每天都要在那里值班，边打理图书馆边读书，逗留到晚上10点。那个时期，我阅读了大量的书籍。

　　比如海明威的《老人与海》，和我同龄的孩子都觉得枯燥无味，而我却至少读了四遍，每次都激动得手心出汗。还有赫尔曼·黑塞的《德米安》，为我青春躁动的叛逆期带来了许多抚慰。我还曾经因为熬夜阅读金来成的《青春剧场》而考砸了第二天的期中考试。

　　那时我的梦想就是有朝一日能经营一家超大型图书馆，可以终日徜徉在书的世界；同时，我还想成为一名作家，写出深受大众喜爱的作品。而现在，我又有了一个更大的梦想，那就是创作一套精彩的漫画书，可以为孩子们带去梦想和慰藉，为孩子们开启心灵之窗，放飞梦想的翅膀，帮助他们更加深刻地理解自己的人生。

这套书从韩国首尔大学推荐给青少年的必读书目中精选而出，然后以漫画的形式解读成书。可以说，这些经典名著凝聚了人类思想的精华，铸就了人类文化的金字塔。但由于原著往往艰深难懂，令人望而生畏，很多人都是只闻其名，却未曾认真阅读。

　　现在这套漫画书就大为不同啦！它在准确传达原著内容的基础上，让人物与思想都活了起来。读来引人入胜，犹如身临其境，与那些伟大的思想家们展开面对面的对话。这套书的制作可谓是系统工程，它是由几十位教师和专家组成的创作团队执笔，再由几十位漫画家费尽心血，配以通俗有趣又能准确传达原著精髓的绘画制作完成。

　　因此，我可以很负责任地说，这是一套非常优秀的人文科学类普及读物。这套书不仅适合儿童和青少年阅读，也适合成人阅读，特别是父母与孩子一起阅读。就如同现在有"大众明星""大众歌手"一样，我非常希望这套"看漫画读经典系列"图书，可以成为广受欢迎的"大众读本"。

孙永云

|作者的话|

点燃人类追求自由与平等的火种

　　法国人民将每年的7月14日定为"大革命纪念日"。每到这一天，巴黎市民都会走上街头，燃放绚丽的焰火，纪念法国人民所崇尚的"自由·平等·博爱"的革命精神。在1789年7月14日这一天，法国人民攻占了巴士底狱，发动了"法国大革命"。

　　法国大革命发生的时候，法国的状况与今天有着天壤之别。那是一个极为不平等的时代，由少数王室和贵族以及教士组成的统治阶级剥削和支配着大多数的普通民众。统治阶级的手中紧握着权力与财产，对待贫穷的民众就如同对待奴隶，夺走他们的一切，用以满足自己奢侈的生活。所以，法国人民每天饿着肚子，生活备受煎熬。而有一本书，在这样的法国民众中间燃起了革命的烈火，那就是卢梭的《社会契约论》。

　　法国人民通过《社会契约论》认识到，作为一个有尊严的人，每个人都应该拥有权利。同时也意识到，现实社会中各种不平等与不幸的根源并不是命运，而是人为制造的、错误的社会制度。所以，法国大革命的领导者们在巴黎街头大声朗读《社会契约论》，鼓励人民展开一场正义的斗争。当时的法国国王路易十六被关进监狱后，阅读了卢梭和伏尔泰的文章，感叹道，"就是这两个人摧毁了法国"。可见，卢梭的《社会契约论》对法国大革命所起的作用之大。

卢梭在《社会契约论》中提出，每个人都生而自由、平等，可以保障自由和平等的最理想的政治体制就是民主制。这个主张成为了近代欧洲许多国家发动公民革命的思想基础，也是美国独立运动的精神背景，此外也是今天支撑民主制的巨大支柱。

在阅读《社会契约论》时，我不由想起一句西方的俗语，笔利于剑（The pen is mightier than the sword）。卢梭手中细弱的一支笔，要比亚历山大或者成吉思汗那些英雄们的刀剑更强大有力。亚历山大和成吉思汗所缔造的帝国已经消失了，但是卢梭的著作却成为一种伟大的思想，至今仍深深地烙刻在人们的心中。最后，我要引用《社会契约论》第一卷中的一段话，希望能让大家因此而对公民所应拥有的权利与义务有更深入的思考。

"生为一个自由国家的公民并且作为主权者的一员，不论我的呼声对公共事务的影响是多么微弱，但是对公共事务的投票权给我以足够的责任感来研究这些事务。"

孙永云

|绘画者的话|

怎样生活才是正确的

　　我画了20年漫画，但从来没有一本漫画完成起来如此困难。约好了完成的时间，爽约，然后再约时间，再爽约……经过了这许多的曲折之后，稿子在我手里已经压了长达一年之久，以至于现在终于完成的时候，我感到的不是满足和欣慰，而是惭愧和不舍。

　　这虽然是一项艰难和辛苦的工作，却也因此让我学到了很多。与卢梭共度的这段时间，也带给我很多的帮助。

　　卢梭的《社会契约论》可以说是一本模范指导书，它指出了我们生活的社会的本质是什么，从社会的最小单位家庭，到职场及周围的人，乃至整个社会等各个集团是怎样形成和维持运转的。

　　这本书写于两百多年前，但今天依然有很多人在读，并引起共鸣，肯定它的价值。这是因为，它准确地洞察了社会的本质。

　　卢梭认为，我们生活的这个社会是靠"契约"维系的。形成这种契约的一个共同的原理，可以用"公意"来解释。对所有的人，对公共有益的意志，就是公意。卢梭认为，正是因为有了公意，才形成了社会的秩序。

　　实际上我个人觉得，我们的社会并不是卢梭说的那样，仅仅是依靠契约维

系的，而是由一种比契约更温暖的情感凝聚在一起的，这种想法似乎更有人情味儿。不过，这本书的重要性在于，它告诉了我们，把握一种事物或现象的本质时，应该采取什么样的态度。关于这一点，用深奥一点的词语来说，就是"价值观"。所以，我们应该向卢梭学习的，并不仅仅是书中所展现的知识。而知识另一端的心灵，以及形成这些知识的基础，才是卢梭思想中真正发光的部分。

因为本人水平有限，在内容的表现中难免会有一些模糊或是蹩脚的地方。尽管如此，我还是很希望阅读这本书的各位读者能跟我一样，在对社会的认识方面有进一步的提升，并从阅读中得到乐趣。如果因为这本书，能让大家看待社会，以及看待周围人的视线变得更温暖，那么这一年的辛苦都将化作微笑，充盈我心。

最后，要向一直给我理解和支持的出版社致以真诚的感谢。

彭现俊

| 目录 |

策划者的话　　透过漫画，邂逅大师
　　　　　　　让人文经典成为大众读本　4
作 者 的 话　　点燃人类追求自由与平等的火种　6
绘画者的话　　怎样生活才是正确的　8

第1章　《社会契约论》是一本怎样的书　12

第2章　卢梭是个什么样的人　32

第3章　人人生而自由　54

第4章　为社会契约盖章　74

第5章　发现共同意志　94

第6章　立法之路漫长而艰险　114

第7章　好国家在于内涵　134

第8章　贵族政治的再现　150

第9章 好政府与人口数量 168

第10章 人民懈怠时会产生的问题 186

第11章 有时为什么需要独裁者 204

第12章 宗教下的公民 222

深入阅读

追求人类解放的启蒙思想 30
与百科全书派的友情与决裂 52
格劳秀斯的《战争与和平法》 72
法国大革命 92
法西斯主义、纳粹主义及军国主义 112
法律是怎样制定的 132
罗曼诺夫王朝和君主专制 148
太阳王路易十四 166
出生率持续降低会怎样 184
古罗马最早的成文法《十二铜表法》 202
马基雅维利的《君主论》 220
原始基督教 238

第1章 《社会契约论》是一本怎样的书

从现在开始，我们将深入学习卢梭的《社会契约论》。

大家听说过卢梭这个名字吗？

——我知道金梭，没听说过卢梭。

听上去是不是没什么兴趣？

——还是让我玩儿点有意思的吧。

因为书名太生硬了，可能会让人觉得有些紧张，那就先放松一下吧。

啊！

——嗯，你怎么知道的……

实际上，这部分内容读起来确实有些难度。

Bingo

不过也不必担心，我会像切开蓬松的面包一样，为大家层层剖析。哈利·波特是不是这样施魔法的？

咚

唰啦啦

第1章 《社会契约论》是一本怎样的书

这本书是1762年在荷兰出版的。

它被推崇为政治学的必读经典。

它原来的书名是《社会契约及政治权利原理》,又译为《民约论》。

卢梭被认为是一位天才思想家。

"天才"这个称号,可不是每个人都能得到的!

比如我就一次也没有得到过,而我听到别人对我的评价是,他很勤奋……

如果你以为,卢梭出版了这本书后,立刻受到民众的热烈欢迎与拥戴,那就错了。

那都是误解……

天才总是孤独的。

写完这本书后,卢梭就开始了四处逃亡的生活,狼狈不堪。

快跑!

不要说什么享受孤独的话,他能做的就是必须忍受种种苦难与压迫。

啊!好疼……

苦难

压迫

这是因为,他的书中包含了一些正面攻击当时社会观念的主张。

嘤

如同衣服在细雨中慢慢被淋湿一样,人们逐渐接受了卢梭的思想。

卢梭的社会契约论

后来就爆发了"法国大革命",人类历史终于迎来了一个新的时代。

《社会契约论》成为革命力量的教科书。

特别是领导这场革命的罗伯斯庇尔,将卢梭视为自己的精神领袖。

我的老师只有卢梭!

到这里,是不是已经有些感觉了?

这到底是一本怎样的书?为什么会被奉为经典?

这是对人类发展产生过重大影响的一本书。

但是,光有感觉还是不够的,下面我们还要把这些柿子*放到篮子里……

哈哈哈……对不起对不起,我是开玩笑的。

＊译注:韩语中"柿子"与"感觉"谐音。

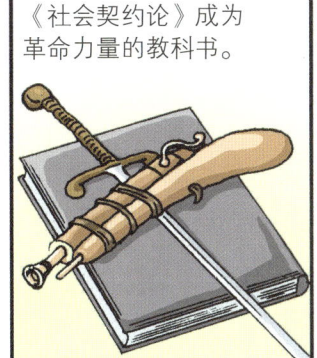

有句话好像是这么说的:要想准确理解某个人物以及他的成就,首先要了解他所生活的时代背景。

因为,无论是英雄还是杰作,都必然是时代与社会现实的产物。

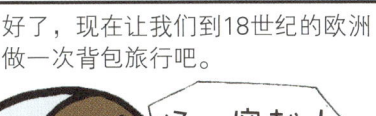

好了,现在让我们到18世纪的欧洲做一次背包旅行吧。

好,穿越!

哎哟,背包太重了,我都走不动了。

可能是里面放了太多好吃的。

嘿嘿嘿……

第1章 《社会契约论》是一本怎样的书

这里就是18世纪的法国。

卢梭虽然出生在日内瓦,他的主要活动范围则是在法国。

这是巴黎著名的凡尔赛宫,非常壮观,相信大家都听说过。

不过,这里的街道却是肮脏杂乱的,

毒气!

几乎到了令人作呕的地步。

啊!

其实,即使到了21世纪,巴黎的脏乱也闻名世界。

嗡

嗡

可尽管如此,外国游客依然是幻想着巴黎的美丽而纷纷来到这里,

啊,美丽的巴黎,浪漫之都,我来了!

然后被这种脏乱的环境重重一击,

oh~my God!

这就是我梦中的巴黎吗……

甚至会出现苍蝇*综合征。

当

这个巴黎不是那个苍蝇!

＊译注:韩语中"巴黎"与"苍蝇"谐音。

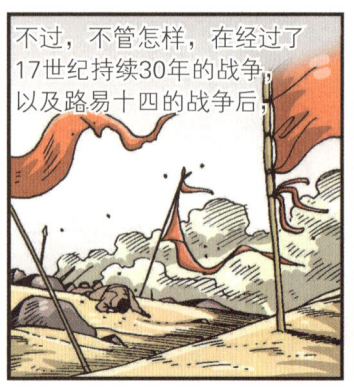

不过,不管怎样,在经过了17世纪持续30年的战争,以及路易十四的战争后,

曾经一片混乱的欧洲在进入18世纪后,总算暂时平静了下来。

虽然表面上风平浪静,但如果掀开盖子,里面却如同是一锅正在煮沸的汤。

咕嘟

咕嘟

16　卢梭的社会契约论

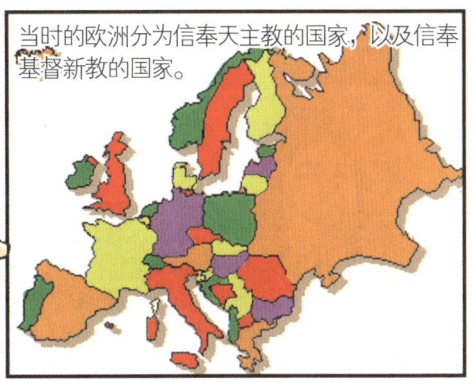

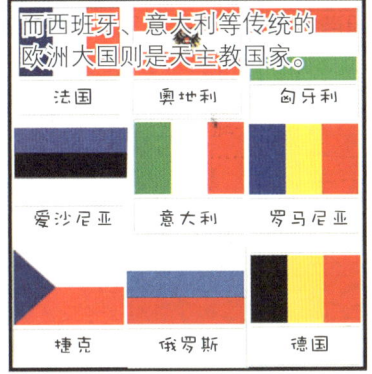

宗教文化仍然支配着欧洲。

天主教和基督新教之间的对立非常严重。

腐败的天主教！

你说什么！

欧洲是教会的！

已经到了无法在一个国家里共存的地步。

喊！

哼！

人民必须要无条件地追随自己的国王所信仰的宗教。

你们都要追随我！

没有宗教自由这种东西！

当时的欧洲分为信奉天主教的国家，以及信奉基督新教的国家。

瑞士、荷兰、勃兰登堡等是基督新教国家，

而西班牙、意大利等传统的欧洲大国则是天主教国家。

法国　奥地利　匈牙利

爱沙尼亚　意大利　罗马尼亚

捷克　俄罗斯　德国

等一等！卢梭出生的日内瓦是基督新教国家，但后来卢梭皈依了天主教。

还是历史悠久的天主教最好！

从16世纪末到18世纪初，

欧洲的君主专制制度正炫耀着它最后的威风。

国王如同神明，可以左右所有的事情。

我和神同等！

第1章 《社会契约论》是一本怎样的书　17

对于非人的奴隶制和君主专制，当时的人们已经像对待水和空气一样，理所当然地承受着。

而个人的自由、平等，是连想都不敢想的事情。

自由和平等？那是什么东西……是吃的吗？

除英国以外，大部分欧洲国家都是这种情况。

法国国王路易十四曾经说过，"朕即国家"。

这句话很准确地体现了当时君主专制的绝对性。

我的戒指是绝对戒指！

这里的"朕"*指的不是行李，而是国王对自己的称呼。

* 译注：韩语中"朕"与"行李"谐音。

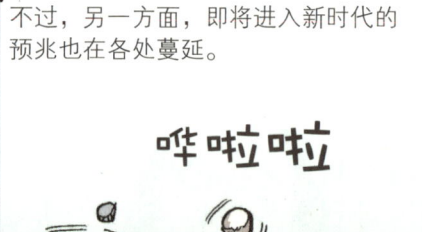

不过，另一方面，即将进入新时代的预兆也在各处蔓延。

哗啦啦

首先，学术正以惊人的速度向前发展，

太快了，好害怕！

学术

啊！好刺眼！

特别是自然科学的发展，更是达到了令人炫目的程度。

闪光　闪光

开普勒、伽利略、牛顿等人纷纷登场，

哦，万有引力！

啪

带来了许多新鲜和刺激，

？

地球在转动。

转？

打开了理性思考的大门。

18　卢梭的社会契约论

除了自然科学，社会科学也有着迅猛的发展，批判精神开始萌芽。

这也成为启蒙主义和自由思想成长的契机。

各种全新的书籍层出不穷，还出现了"畅销书排行榜"。

特别是丹尼尔·笛福的《鲁滨孙漂流记》，受到了广泛的欢迎。

卢梭也读了这本书，并深有感触，称赞它是最优秀的自然教育论。

哦，原来用镜头和胶片也可以点着火！

如果你还没有读过这本书，赶快找来读读吧。

1726年，乔纳森·斯威夫特创作了辛辣的讽刺小说《格列佛游记》，在欧洲获得了巨大成功。

所有这些都成为一种原动力，促使新思想不断迸发，

并且在各地引发了热烈的讨论。

先有鸡！ 先有蛋！

特别是法国巴黎的咖啡馆，成了酝酿新思想的中心地。

人们聚集在这里，已不是单纯地喝咖啡，而更多地是为了展开热烈的讨论。

第1章 《社会契约论》是一本怎样的书　19

你去过咖啡馆吗？是不是真的有很多人聚集在那里，认真地讨论各种问题？

有的人眉头紧锁，有的人凝神思考，

也有的人在奋笔疾书，

没有人昏昏欲睡，真的是很有趣……

等一等！咖啡馆的老板端坐在收银台前，表情复杂又微妙。

客人们一旦走进来，似乎就没有再出去的打算，常常会在这里消磨一天的时间。

熙熙·攘攘

作为老板，心里一定很不痛快。

哇，虽然心里不痛快，可还要给客人续杯。

谢谢……

或许老板的内心，也是支持这种充满激情的行为的。

加油！

不过，法国政府却将咖啡馆看作是危险舆论的产生地，开始派人监视巴黎市内的咖啡馆。

但政府并不能强行让咖啡馆关门，所以对日渐热烈的讨论也束手无策。

能不能说他们在咖啡里加水，然后让咖啡馆停业呢？

20　卢梭的社会契约论

而这些活动终于在1789年，引发了颠覆君主专制的法国大革命。

为此提供革命理念的人，就是启蒙主义的思想家们。

D.狄德罗，J.R达朗贝尔，布封，E.B孔狄亚克，P.H霍尔巴赫

还有我霍布斯。

当然不要忘记，卢梭也是其中响当当的人物。

不好意思……

卢梭正是通过这些著作，轰轰烈烈地提出了文明批判以及人民主权论，而这些也都成为了革命思想的基础。

论人类　忏悔录　爱弥儿　社会契约论

其中首推《社会契约论》。

要想实现公共利益，就必须按照公民的意志形成社会秩序，卢梭的这种思想当时已经具备了充分的革命性。

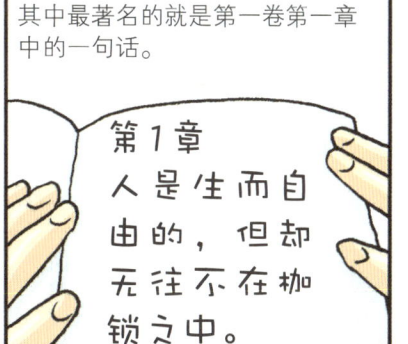

而且，即使在今天，这种理论也是世界上大多数民主国家的基本原则。

那么，哪些内容对人们产生了重要影响呢？

社会秩序乃是为其他一切权利提供了基础的一项神圣权利。然而这项权利……是建立在约定之上的。

在这本书中，出现了很多令人叹服的名言，

哇，这一句太精彩了！

其中最著名的就是第一卷第一章中的一句话。

第1章
人是生而自由的，但却无往不在枷锁之中。

第1章 《社会契约论》是一本怎样的书

人是生而自由的，但却无往不在枷锁之中。

怎么样，是不是很精彩的一句话？

精彩是精彩……这句话的意思是让我们重新变回原始人吗？

用手指着月亮，是要看月亮，而不是看手指。

这句话的意思不是要打破枷锁，重回自然，而是要借助理性的力量，重新找回自然状态下原始人所具有的那种纯洁与善良。

实际上，卢梭并没有说过"重回自然"这样的话，这只是人们的一种理解。

我……

写过那样的话吗？

也可能是后人杜撰出来的。

这里，这里。

再加上一点儿……

不过，从这句话中还是可以感受到卢梭崇尚自然、批判文明的思想。

当时虽然有些人赞同卢梭的思想，但这群人的数量并不多。

我们支持卢梭！

大部分人都是批判卢梭的。

这是什么破文章！

伏尔泰甚至嘲讽说，"卢梭大概是想让人类重新变回四脚行走的动物"。

我就算用脚，也能写得比他好。

摇晃 摇晃

卢梭的社会契约论

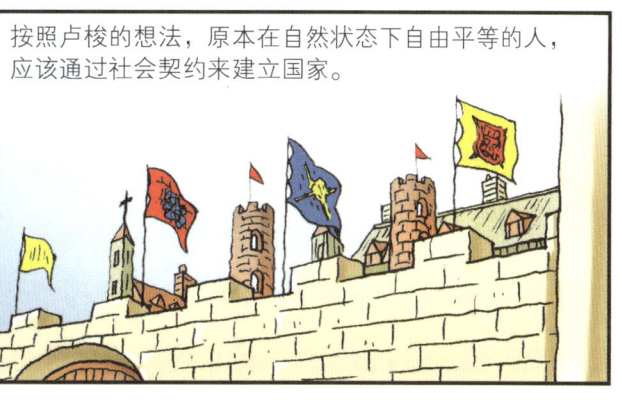

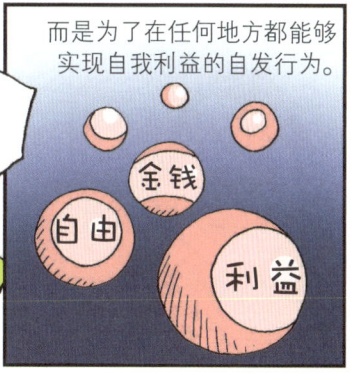

第1章 《社会契约论》是一本怎样的书

当然，除了卢梭，曾有很多学者提到了社会契约，

前辈……

代表人物有霍布斯、洛克等。

哦，卢梭先生。

不过，卢梭提出的社会契约论与他们的思想，在含义上有着180度的大转弯。

我读了你写的《社会契约论》，发现了里面有很多错误的地方。

霍布斯所认为的社会契约，是一种上下垂直的契约。

下面的人要服从上面的，以及更上面的人，

也就是说，这种契约是要让人民完全服从于国王。

实际上，卢梭之前的学者们对于普通平民都是非常歧视的。

他们表面上似乎同情贫穷愚昧的平民，

内心却是想要寻求统治和支配民众的最好方法。

这样吧。

是那样，或那样？

但卢梭不是这样的人。

他坚信，每个人都拥有善良的本性。

不客气。

谢谢你，年轻人。

他梦想着一种不是依靠暴力而是依靠契约建立的秩序。

卢梭的社会契约论

这种秩序就是具体化为所有人都具有的"共同意志"。

作为社会契约论核心理念的"共同意志",也就是"公意",不仅对于富人和贵族,

对于农民和劳动者,甚至乞丐也都是一样的。

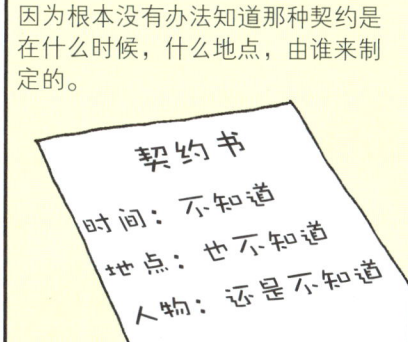

当然,卢梭的社会契约论也存在弱点。

对共同意志的论述不够充分,因此也引起后人对于这一问题的争论。

另外,卢梭所提出的这种社会契约,很难证明实际上能否存在,

呜呜……我不相信……

或者说几乎不可能证明。

这次考试我一定能得100分。

因为根本没有办法知道那种契约是在什么时候,什么地点,由谁来制定的。

契约书
时间:不知道
地点:也不知道
人物:还是不知道

但是,每个人都有同样的尊严,国家的主权属于全体人民,

政府是人民的执行人,承担着为人民利益服务的义务……

卢梭的这些主张,还是在人类历史上造成了如同核爆炸般的巨大冲击。

第1章 《社会契约论》是一本怎样的书　25

《社会契约论》虽然后来被公认为一部伟大的作品，

但是在当时却受到了冷遇。

它和同期出版的《爱弥儿》，

都被列为禁书。

卢梭在1762年发表了《社会契约论》和《爱弥儿》，两书出版时间只隔了一个月。

原来写作如此快乐。

但这两部书都以造成社会混乱，

以及破坏基督教教义等理由，

而被禁止出售。

当时被禁售的主要原因，

其实并不是《社会契约论》，而是《爱弥儿》。

巴黎高等法院决定将这本书全部没收，卢梭也只能慌忙地逃离巴黎。

26　卢梭的社会契约论

韩国在过去的独裁政权时期，也出现过禁书或者禁唱歌曲。因为那些政治家，以及当权者或者宗教领袖，是绝对不能接受任何妨碍到其权力的事情的。

正是这个原因，《社会契约论》和《爱弥儿》的作者卢梭度过了一段非常艰难的日子。

卢梭在《社会契约论》中提出的主张，成为了革命的导火索，在他死后11年，也就是1789年，法国终于爆发了大革命。

国家的主人是人民！

罗伯斯庇尔认为自己就是卢梭的继承者，

只有我罗伯斯庇尔才是卢梭的真正继承者，知道了吗？

是，是……

1794年5月7日，在国民公会上，罗伯斯庇尔在演说中将卢梭称为大革命的先驱者。

他是真正的先驱者！

国民公会

第1章 《社会契约论》是一本怎样的书　27

法国大革命以后，《社会契约论》被确认为卢梭的代表作。

但卢梭本人则认为《爱弥儿》才是自己的代表作。

> 不管别人怎么说，我都觉得《爱弥儿》是我的代表作！

《社会契约论》与《爱弥儿》在内容上有着密切的关联。

> 如果已经读过《社会契约论》，

那么也应该把《爱弥儿》读一遍。

卢梭的继承人当然不止罗伯斯庇尔。

> 除了我罗伯斯庇尔，还有别人？

19世纪初德国的哲学家黑格尔，也和卢梭一样，认为只有通过国家才能实现个人的自由。

但是，黑格尔认为国家是最重要的。

> 国家是最重要的……

说到黑格尔的哲学，无论是我还是你们，可能都会一头雾水，所以还是先到此为止吧，以后有机会再深入学习。

哲学家康德也认为，国家的核心作用就是维持秩序。当然，这种秩序不是依靠暴力和压迫实现的，

排好……队！

嗯？

你说什么？

爸……爸爸说应该排队。

而是指人们通过合作，最大限度地发挥出潜力。

撑不住了。

万岁！我们胜利了！

太过分了，我们输了。

这种思想对马克思的社会主义理论也产生了一定影响。

无论是黑格尔、康德，还是马克思，从卢梭继承者这一共同点来看，他们都梦想着这样一个社会，大家在一个共同体中协同合作，制定出一定的秩序。

共同体

好了，关于这本书的伟大之处，现在大家应该有些了解了。一位名叫金斯利·马丁的英国学者，曾将《圣经》《资本论》《社会契约论》推选为历史上对人类精神产生最大影响的三本书。

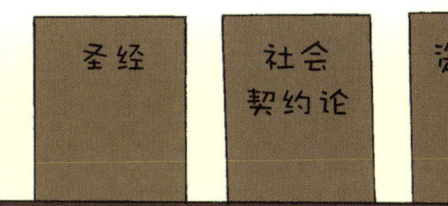

圣经　社会契约论　资本论

我们生活在民主社会中，如果不知道卢梭的《社会契约论》，岂不是很不应该？

社会契约论

第1章 《社会契约论》是一本怎样的书　29

追求人类解放的启蒙思想

科学革命带来的新世界

17世纪前后，欧洲文明迎来了一个巨大的变化。那就是牛顿、拉瓦锡、林奈等一大批科学家发动的一场科学革命，这场革命为人们展现了一个全新的世界。也正是因为这场革命，让人们从盲目的信仰中脱离出来，开始学习科学的思考方式。这种倾向也体现在哲学家的身上。英国的培根倡导一种经验主义哲学，认为应该通过观察和实验去认识世间万物。法国的笛卡尔认为，只有具备理性，才能有合理的哲学，而这些都成为了启蒙思想的基础。

所谓"启蒙"，意思就是"用理性去启迪和开导民众的蒙昧意识"，"启蒙思想"则是对启迪民众的思想的一个总称。启蒙思想兴起于1784年康德发表的《什么是启蒙运动》，后来成为欧洲的主流哲学思想。启蒙思想以科学自然主义为基础，在宗教方面接近于无神论，是一种进步思想。

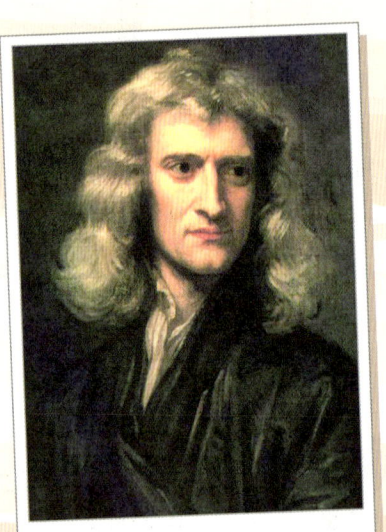

▲ 促进了科学革命，并开启近代科学之门的艾萨克·牛顿。

以人类为中心的思想

近千年间，宗教将欧洲带入了精神上的黑暗时代，而启蒙思想则将民众从宗教的束缚中解脱出来，提出了合理的思维和理性的启蒙，企盼的不是宗教的幸福，而是人民的幸福，这是一种以人为中心的思想。

启蒙思想主要是以法国、英国、德国为中心而发展的。启蒙思想家们以人类精神的近现代解放为目标著书立说，促成了颠覆以国王为中心的专制权威，建立公民社会的改革意志。他们希望废除阶级，让社会向民主方向发展，打碎封建世界，建立一个以理性为基础的合理的社会。所以，启蒙思想占据主流的时代被称为"理性的世纪"，或者"批判的时代"。

▲ 孟德斯鸠出版《论法的精神》，提出了司法、立法、行政三权分立的理论。

启蒙思想在法国的蓬勃发展

特别是在法国，从1734年伏尔泰出版了《哲学通信》开始，启蒙思想发展得如火如荼。1748年，孟德斯鸠出版了《论法的精神》，提出了三权分立的原则，向君主专制发起了挑战。另外，狄德罗、达朗贝尔等人通过编撰《百科全书》，将被宗教或习俗，以及制度的魔咒所捆绑的人们解放出来，激励人们积极学习科学，参与创造，并促成了以个人为主体的新的世界观。启蒙思想通过卢梭的《论人类不平等的起源和基础》《社会契约论》《爱弥儿》等著作，建立了一个新的价值体系，对近代民主社会的形成有着深远的影响。

第2章 卢梭是个什么样的人

卢梭于1712年6月28日出生于日内瓦。

呜哇 呜哇

父亲是钟表匠伊萨克·卢梭，母亲是苏萨娜·贝纳尔。

可是，卢梭出生刚刚9天，他的母亲就离开了这个世界。

而不幸才刚刚开始。

卢梭10岁那年，父亲因为与人发生纠纷，逃亡到了外国。

爸爸……

日内瓦

卢梭的社会契约论

卢梭从小就没得到过父母的爱，是跟着姑姑和舅舅长大的。

可以想象，他的童年是多么凄苦。呜呜……

也正是这个原因，卢梭早早地就步入了社会。

12岁时，他就开始四处做工谋生。

他在一位雕刻匠手下当学徒，既可以学习雕刻，也解决了食宿问题。

但师傅对他却并不满意。

这种工作繁重，又常常吃不饱的生活，让卢梭备受煎熬。

啊！肚子好饿……

当时他唯一的快乐，就是读书。

尽管生活艰难，但卢梭从来没有放弃读书。

师傅并不喜欢卢梭读书，

他甚至把卢梭的书抢过来撕掉。

不好好工作，每天只知道看书！

第2章　卢梭是个什么样的人

"这个坏蛋！" 是不是有人骂我？耳朵怎么这么痒痒……	本来性格开朗的卢梭，因为经常遭到无端的打骂，	慢慢地，他变得沉默寡言。
即使环境如此恶劣，卢梭也并没有气馁，而是坚强地活了下来。	有一天，他终于下定了决心，放弃了学徒的生活，离开了日内瓦。	
当时他只有15岁。	卢梭成了流浪少年。	四处飘零，居无定所。
一个偶然的机会，在一位天主教神父的帮助下	他认识了身为贵族的华伦夫人。	十几岁的单纯少年卢梭，被二十多岁的华伦夫人的魅力所折服。 哇，好美啊……

34　卢梭的社会契约论

通过华伦夫人的介绍，卢梭皈依了天主教。

后来卢梭在意大利都灵重新干起了雕刻的工作，但是他并不是一个善于经商的人。

他还曾经当过贵族的仆人，以及神父的秘书。

但这些都不是适合卢梭的道路。

彷徨的卢梭再次回到了华伦夫人的身边。

当时的贵族夫人都热衷于资助艺术家，并以此为傲。

这次我资助的是戈雅。

我资助了大卫和雕塑家吕德。

我也要资助一个名人，否则太没面子了！

而华伦夫人就是卢梭的保护人。

卢梭在音乐方面很有天赋，

打开窗门

曾经当过管弦乐团的指挥，

还担任过音乐教师。

第2章　卢梭是个什么样的人

慢慢地，华伦夫人接受了卢梭的爱慕之情，两人之间发展成为情侣关系。
但是，这种关系并没有维持很久。
卢梭接下来进入了彷徨的阶段，对于前途与爱情都失去了方向。
你们可能还没有体会过那种彷徨的感觉，
预备！
不知道未来在何方，所有的事情都处于混乱之中，这就是彷徨。
太黑了，我看不到前方的路。
我们可以把卢梭的遭遇当作是他山之石，
大家最好从现在开始，就对未来做好计划和准备。
生活计划
让我们再回到卢梭的故事……彷徨的他终于看到了曙光。
慢慢地他知道自己究竟想要做些什么。
一定要击中！
他阅读了伏尔泰的全部作品，决心成为一名像伏尔泰一样的伟大作家。
啊！
我也要写出这样精彩的文章。
伏尔泰
卢梭下定决心，开始学习。

| 那时候他已经23岁。 | 他住在华伦夫人的乡间别墅里，每天只是专心读书，积蓄力量。 | 他涉猎的范围，除了伏尔泰，还包括柏拉图、笛卡尔、洛克、莱布尼茨等人的著作。 |

| 此外，他对文学、自然科学，以及神学也做了深入的研究。 | 他对药学和化学也有着浓厚的兴趣。他曾经因为实验中烧瓶发生爆炸 | 而受伤并卧床多日。 |

| 卢梭终日埋头苦读，期待着自己的思想和文章有一天能震惊世界。 | 而要想实现这一目标，必须进行大量的阅读与学习。 | 在读书中，他抛弃偏见，将作者的所有言论都先暂时记在脑海中， |

| 然后他以这些知识作为基础，提出了自己的独特思想。 | 对卢梭来说，读书是锻炼自己独立思考的一种艰苦训练。 |

第2章　卢梭是个什么样的人

终于,在28岁那一年,卢梭结束了长达5年的"训练",来到了巴黎。

现在他要做的,就是让世界看到他的梦想。

但是,初到巴黎,卢梭在经济上非常拮据。

他暂时选择了在音乐领域中活动,从事作曲,并提出了新的简易记谱法。

当然这些并没有被人们所接受。

做学问和搞音乐产生了矛盾,

是汤面?

还是拌面呢?这是个问题。

但他并没有放弃,而是一直在努力。

另外,他也在积极开拓着人际关系,与孔狄亚克、狄德罗、格林、达朗贝尔等年轻思想家们有了各种交往。

特别是与狄德罗建立了深厚的友谊。

38　卢梭的社会契约论

卢梭还曾担任过法国驻威尼斯大使的秘书。

因为他工作认真,实际负责了大使的很多工作。

这么多的文件,什么时候才能批完呀。

这也让他有机会近距离接触到外交与国家管理事务。

卢梭开始对政治产生了兴趣。

啊!

原来用这种方法……

他明白了,世界上的所有事情都与政治有关,

政府的作用是极为重要的。

卢梭离开了威尼斯,重新回到巴黎。

忙死了,忙死了……

他开始构思关于论述政治体制的著作,

政治体制?

几年以后,他只完成了一部分,并将其作为论文发表了,

吁——终于完成了……

而这就是《社会契约论》。

在这段时间,卢梭遇到了一位名叫泰雷兹·勒瓦瑟的女性。

第2章 卢梭是个什么样的人

勒瓦瑟是卢梭从威尼斯返回时，路上借宿旅馆的女仆。

一直到卢梭去世，他们在一起共同生活了33年。

在卢梭的晚年，两人才举行了结婚仪式。

新郎卢梭先生……哦不，是卢梭爷爷与新娘……

当时，不举行婚礼就住在一起，并不是什么大不了的事情。

但是，一直到今天，卢梭受到的各种指责中，就包括他将与勒瓦瑟生下的五个孩子都送到了孤儿院。

噔噔噔
呜哇

很震惊吧？撰写了教育学名著《爱弥儿》的人，竟然会抛弃自己的孩子。

这是谁的孩子……
哇 哇

对于卢梭各种行为的责难，其实一直就没有停止过。

坏人！
你还是人吗？
根本没资格当爸爸！

他的辩解是，在自己这样一个无能的父亲身边，只会让孩子变得更不幸。

因为我是一个无能的父亲……

虽然我们不知道其中是不是有什么隐情，但是无论怎么辩解，他的这种行为都是错误的。

所以，记得每天给为了家人在外面辛苦工作的父亲揉揉肩膀吧。

40　卢梭的社会契约论

1750年，卢梭去探望被关在监狱里的狄德罗。
在路上偶然看到了第戎科学院的征文启事，并决定参加。
第戎科学院
征文启事
一等奖××
二等奖××
三等奖××
资格：20岁
以上的任何人
他的论文《论艺术与科学》获得了一等奖。
贺
获奖
一夜之间，卢梭成为了备受瞩目的明星。
闪光
闪光
卢梭在论文中批判了科学与艺术，
歌颂没有受到污染的、纯洁的自然生活，
哇！
好美啊。
这一主张对当时的社会气氛造成了极大的冲击。
社会
通过这篇论文，
艺术
可以了解到卢梭的基本思想，那就是，人生来是善良的，
却因为社会制度而变得邪恶。
终于……
被水淹没了！

学者们对于卢梭的主张抱着不以为然的态度。

除了卢梭，其他人都是傻瓜

嘿嘿嘿

卢梭认为科学和艺术都是毒害，学者们的心情自然不会愉快。

当时大部分知识分子都是反对卢梭的。

后来，卢梭又进一步发表了名为《论人类不平等的起源和基础》（1755）的论文。

文中，他批判了作为当时社会基础的私有制，

人类的道德堕落，就是因为私有财产！

并提出，法律不过就是富人们谋取利益的一种工具。

法律

对于当时的人们来说，显然是一个巨大的冲击。

卢梭的话到底是什么意思？

不知道……太头疼了，还是先喝一杯吧。

紧接着，他又发表了《论政治经济学》《论语言的起源》等著作。

论政治经济学　论语言的起源

他的观点与以狄德罗为首的百科全书派，

以及伏尔泰等人，都有着明确的区别。

不，我不那么认为！

在《关于戏剧演出给达朗贝尔的信》（1758）发表之后，他与狄德罗的关系已经近乎绝交。

42　卢梭的社会契约论

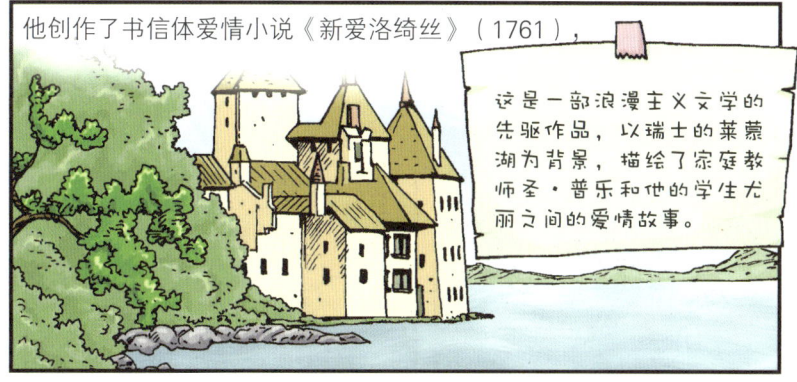

卢梭在文学方面也极具才华，他创作了书信体爱情小说《新爱洛绮丝》（1761），

> 这是一部浪漫主义文学的先驱作品，以瑞士的莱蒙湖为背景，描绘了家庭教师圣·普乐和他的学生尤丽之间的爱情故事。

这部作品在整个欧洲获得了巨大的成功。

"果然不愧是卢梭。"
"太棒了！"

后来，在他快50岁的时候，又分别发表了《社会契约论》（1762）和小说形式的教育学著作《爱弥儿》。

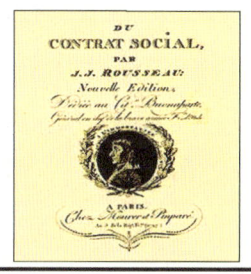

《爱弥儿》出版之后，巴黎大学神学院就告发了卢梭。

巴黎高等法院宣判卢梭有罪。

"判决有罪！"

"将卢梭逮捕，书籍全部没收！"

逮捕令发出之后，卢梭急忙逃离了法国。

Good Bye 法国

第2章　卢梭是个什么样的人

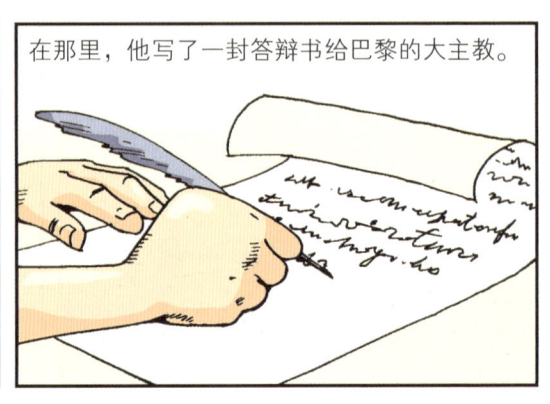

他本想回到故乡日内瓦，

但是，日内瓦市议会也将《爱弥儿》和《社会契约论》视作禁物，

甚至焚烧销毁。

卢梭到了普鲁士的属地莫蒂埃，

并在那里待了3年。

在那里，他写了一封答辩书给巴黎的大主教。

为了抗议日内瓦市议会的做法，他极力动员自己的支持者们。

我需要大家的力量。

另一方面，一本名为《公民们的感想》的小册子开始在市民中间流传，对于卢梭的责难舆论更加强烈。

把卢梭赶走！

虽然这本小册子是匿名发表的，但还是被推测出其作者是伏尔泰。

嘿嘿嘿……

公民们的感想
作者不详

某天夜里，莫蒂埃的居民向卢梭家中投掷石块。

44　卢梭的社会契约论

第2章 卢梭是个什么样的人

他在杰拉尔丹侯爵的领地居住了一段时间。	那是一段痛苦的日子，因为卢梭一直遭受着迫害妄想症的折磨。	在这段时间，他开始创作《卢梭评判让-雅克》和《一个孤独漫步者的遐想》，但都没有最终完成。
晚年的卢梭对植物学产生了兴趣，开始研究各种植物。"这棵树已经生长了几年……"	他沉浸在与植物对话的乐趣中。"你们好，我的朋友，昨晚睡得好吗？"	1778年他搬到巴黎近郊居住。
有一天，他坐在椅子上正要吃早饭，突然摔倒了。	他的死亡原因是"脑出血"。	1794年，卢梭的遗骸被迁葬到巴黎先贤祠。

巴黎的先贤祠因为埋葬了法国的很多伟人而闻名于世。现在葬在先贤祠的法国文人，除了卢梭，还有大仲马、伏尔泰、爱弥儿·左拉、维克多·雨果、安德烈·马尔罗五人。

"小兄弟，来杯咖啡！" "我也要！" "哼！喊！"

46　卢梭的社会契约论

那么，卢梭到底为什么要四处逃亡呢？

啊！被绊倒了。

原因之一就是《爱弥儿》一章中的内容，这一章的题目叫作"一个萨瓦省的牧师的信仰自白"。

无论信仰何种宗教，都应该宽容对待。

在《社会契约论》中也有类似的内容。

当时最大的问题，就是《爱弥儿》这部著作本身。

逮捕卢梭！

把他驱逐！

烧掉《爱弥儿》！

在这本书中，卢梭否定了当时的传统与既得利益，

既得利益 传统

毫不顾忌地展露出自己的思想。

全都是错误的！腐朽的！

所以，他遭到了许多迫害和羞辱。

看打！

这个自以为是的家伙！

砰 啊

他与许多人站到了对立面上。

哼！你们这些人懂什么？

但是，支持他的人越来越多，

卢梭 卢梭

最后，他的自由民权思想成为了法国大革命的理论基础。

第2章　卢梭是个什么样的人　47

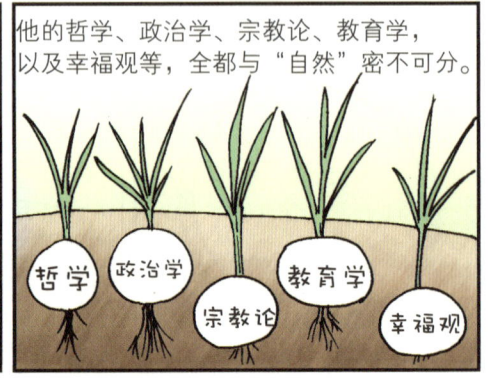

孤儿般的童年，以及青年时期的各种经验，成为了卢梭最为宝贵的财富。

卢梭对于人类的本性和社会制度，特别是对贵族制度和奴隶制度都报以批判的态度，这些成为他的主要思想基础。

卢梭在《社会契约论》和《爱弥儿》中，始终对自然进行了热烈的歌颂。

他的哲学、政治学、宗教论、教育学，以及幸福观等，全都与"自然"密不可分。

他认为，《社会契约论》或《爱弥儿》中的自然，就是人类最真的模样。

自然=人类
人类=自然

他一直倡导回到自然状态，

不回到自然状态，人类根本无法获得幸福！

认为只有在自然状态下才能把握人类的本性。

哦，这里有很多自然状态的人。

当然了！这有什么好看的！

他认为，人类只有在自然状态下才是自由和幸福的，

在社会制度的制约下，只能陷入不自由和不幸的状态中。

救命啊！

所以，要想重新找回真我（自然），就必须恢复人性。

48　卢梭的社会契约论

在这里,要讲一件发生在18世纪德国哲学家康德身上的著名趣事。

你好!

与卢梭不同,康德是那种严格遵守规则,对任何事都一丝不苟的"模范生"类型的学者。

他每天都会严格按照固定的日程生活,

邻居们甚至通过看到康德散步而判断出准确的时间。

康德先生每天早上都会散步,那现在一定是9点钟。

就是这样的康德,有一次却没有遵守自己的固定日程安排。

啊!就是因为没有看到康德你,害我错过了时间。

摇晃 摇晃

是不是生病了?

原因就是他正在专心阅读卢梭的《爱弥儿》,从而忘记了时间,

于是那天康德没有去散步。

真是太令人感动了。

已经连续读了三遍。

康德是一位非常自负的学者,

各位国民!赶快觉醒吧!

他在说什么?

但卢梭让他改变了想法。

唉!我还差得远呢。

第2章　卢梭是个什么样的人　49

当时，几乎所有的人，

都通过各种方式，受到了卢梭思想的影响。

真是太精彩了。

按照当代社会学者豪赛尔的话说，

嗯。

18世纪末期，

所有的知识分子，

几乎都受到了卢梭的影响。

中国媒体评选的影响近现代中国的50位外国名人中，卢梭排名第一。

英国《时代周刊》也将卢梭选为过去一千年中对人类产生重大影响的人物之一。

关于卢梭，同时存在着各种不同的评价，

走在时代前端的人！

平凡中蕴含伟大……

人类历史上最伟大的人！

厉害！

骗子。

如果从中总结一个共同点的话，那就是，他对人类历史产生了重大影响，这一点是不容置疑的。

社会契约论

50　卢梭的社会契约论

卢梭生平

1712年：6月28日出生于瑞士的日内瓦，是钟表修理匠伊萨克·卢梭的二儿子。不久，他的母亲就离开了人世。

1724年（12岁）：一直寄住在亲戚家，做过法院书记官的实习生，后来又跟着一个雕刻匠做学徒。

1728年（16岁）：离开日内瓦以后，在法国安纳西逗留了一段时间，并在那里遇到了华伦夫人。后来去了意大利，在那里放弃了基督教新教，皈依天主教。为求生计，在一位伯爵家做仆人。

1729年（17岁）：进入神学院学习，开始学习音乐，并产生了浓厚的兴趣。第二年，作为音乐教师辗转于瑞士和法国两地。

1737年（25岁）：在做化学实验的时候，发生了爆炸事故，眼睛受伤。目击了日内瓦的内乱，对于无秩序和暴力充满憎恶。

1743年（31岁）：出版发行《现代音乐论》，开始创作歌剧《优雅的缪斯（Muses galantes）》。7月担任法国驻威尼斯大使的秘书，开始构思《政治制度论》。

1749年（37岁）：在达朗贝尔的劝导下，参与到《百科全书》的编纂工作中，主要负责其中的音乐部分。第二年，在第戎科学院的征文比赛中获奖，一举成名。

1755年（43岁）：4月出版《论人类不平等的起源和基础》《论政治经济学》。

1762年（50岁）：4月出版《社会契约论》，5月出版《爱弥儿》。当局将《爱弥儿》定为禁书，并对卢梭下达了逮捕令。卢梭经过瑞士，逃往普鲁士。

1776年（64岁）：开始创作《一个孤独漫步者的遐想》，期间一直受到"迫害妄想症"的折磨。

1778年（66岁）：7月2日离世。1794年，其遗骸被迁往巴黎的先贤祠，埋葬在伏尔泰的墓边。

与百科全书派的友情与决裂

集各种学术之大成的大规模出版物

百科全书派,指的是法国参与编撰百科全书(Encyclopédie,1751~1781年出版)的启蒙思想家们所形成的派别。百科全书是将18世纪欧洲的科学和技术等集合在一起的大规模出版物,是一部包含正文19卷、图片11卷的大辞典。百科全书中所包含的内容以理性为基础,强烈地抨击了教会,因而被禁止发行,参与编撰的学者们也受到了政府的迫害。

另外,百科全书还成为1789年爆发的法国大革命的思想基础,是颠覆了欧洲旧秩序的启蒙思想的象征。领导法国大革命的罗伯斯庇尔就曾经说过,"无视百科全书派的影响和政策的人,则无法完全理解我们的革命前奏"。

184位思想家

参与百科全书编撰工作的人多达184人,涉及的学术范围非常广泛。伏

▲ 这是1772年出版的《百科全书》中的图片。站在中间并发光的人象征着启蒙。

尔泰、孟德斯鸠、狄德罗、达朗贝尔等当时法国具有代表性的启蒙思想家是其中的中坚力量。因此，提到百科全书派，主要指的就是这些人。当狄德罗成为百科全书的编撰者时，卢梭也参与到有关音乐和政治经济学部分的编撰中。卢梭对政治经济学部分的编撰经验，也促成了日后《社会契约论》一书的诞生。

▲ 主持《百科全书》编撰的伏尔泰。

不同的价值观，让他们走上不同的道路

卢梭虽然也参与百科全书的编撰工作，但是他的价值观却与负责编撰的伏尔泰、狄德罗等人有所不同。如果将"启蒙"笼统地定义为"让人类从蒙昧的状态摆脱出来"，那么梦想着人类自由被解放的卢梭，与百科全书派的思想家们则没有太大差异。但是，如果把范围缩小来看，卢梭与百科全书派思想家们所追求的价值观则存在明显的差异。因为卢梭从一开始更注重感性而不是知识，他更强调的是人的原始的自然本性，而不是人为的文化。百科全书派启蒙思想家们是用理性评价历史，而卢梭则想要以人类的自然本性为基准去评价历史。另外，百科全书派对于宗教采取的是完全否定的唯物论，卢梭则信奉以人类善良本性为基础的自然宗教。因此，从某种意义上来说，卢梭的启蒙思想受到了双重的批判。百科全书派启蒙思想家们将卢梭的思想认定为是对启蒙思想的背叛。正是因为存在这样的差异，卢梭没能与百科全书派共同走到最后，与伏尔泰的关系日渐恶劣，与狄德罗的关系也最终走向决裂。

第3章 人人生而自由

如果想阅读卢梭的原著，最好是选择头脑清醒的时候。

心情烦躁，饥饿难耐，或者昏昏欲睡的话，最好还是换个时间。

睡好了，也吃饱了，现在可以去读书了。

因为，想要跟上卢梭热情奔放的思想，就必须集中精力。

当然，读完之后的收获也是非常巨大的。

啊！终于都读完了。

我真为自己感到自豪。

那种满足感就像是吃了一整张美味的披萨。

卢梭的社会契约论

好了，现在让我们开始吧！
砰
在这本书中，卢梭有一句名言：
人是生而自由的，
但却无往不在枷锁之中。
人是自由的，但却被枷锁锁住，这是什么意思呢？
当啷啷
难道在18世纪的欧洲流行使用枷锁吗？
这是我新买的枷锁，漂亮吧？
啊，看上去沉甸甸的啊……
或者是一种装饰品？
实际情况当然不是这样的。
哈哈……
NO
NO
当时，只有对罪犯才会使用枷锁。那么，卢梭所说的枷锁又是什么呢？
首先，我们要从“人生而自由”这句话开始学习。
I Want Free-dom
卢梭将自由看作是人性的产物。
自由
这是什么意思呢？认真听吧。
啪
哇啦
哇啦
啪
对于所有的人来说，最重要的就是自我保护，以及维护自身的生存。
咚
咚
每个人都在不断寻找最好的方法以保护自己。
就算这样还是不放心。
还有什么更好的办法呢？

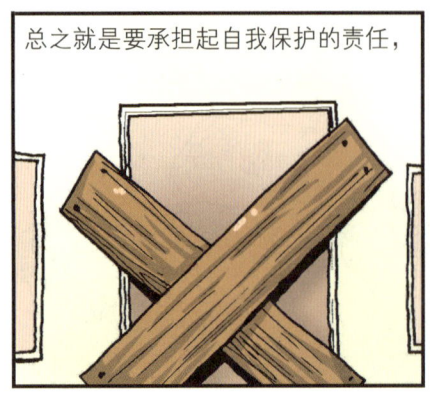

总之就是要承担起自我保护的责任，之后，自己便成为了自己的主人。因为自己就是主人，所以每个人都应该是自由的。

我的主人，就是我自己。因为我最珍贵……

不过，你们还是未成年人，所以必须要接受父母的保护。

就算是想要自由，也仍需要耐心等待！

自由

谢谢！

不过，认为所有的人都是自由的，这种思想在当时是极具冲击力的。

噢，竟然会这样说呢！

因为这与当时的社会氛围以及思想观念是截然不同的，

自由呀！

是很难被理解和接受的。

呜——赶走卢梭！

在那个时代，人们都认为，人一出生就分成了自由的人和不自由的人，

强者和弱者，统治者和被统治者。这是当时的一种基本思想。

过来，小东西。

哎呀！

56　卢梭的社会契约论

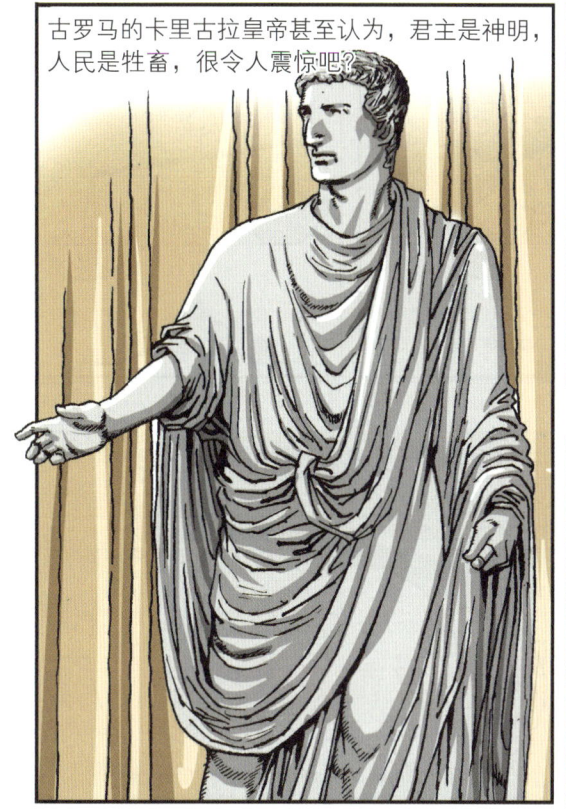

古罗马的卡里古拉皇帝甚至认为，君主是神明，人民是牲畜，很令人震惊吧？

人类被分成了一群群的牲畜，各自都有自己的主人。

主人会保护这些牲畜，而牲畜也要服从于主人。

我们发誓会忠于主人。

但主人并不是因为喜欢这些牲畜才保护它们，

多吃点儿，快快长。

而是为了在需要的时候把它们吃掉。

嘿嘿嘿

作为主人的人类，

其品质当然要优于作为牲畜的人类，

在卡里古拉的眼中，这个世界就如同一个农场。

第3章　人人生而自由　57

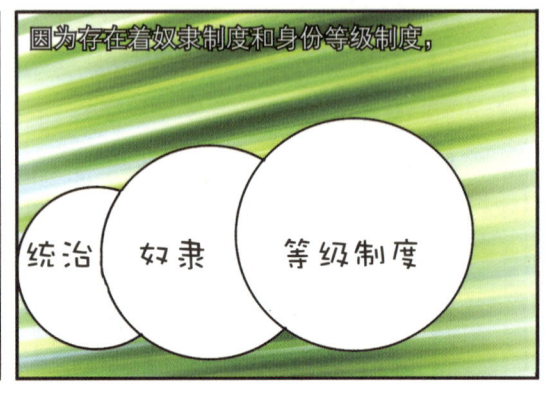

连著名的亚里士多德也认为,"人根本不是生来平等的。"	有的人天生就是奴隶,有的人天生就是统治者。	人本来就是不平等的。
但在卢梭看来,亚里士多德将奴隶制的结果与原因颠倒了。"前辈,不是那样的!" "哦!是吗?"	因为存在着奴隶制度和身份等级制度,统治 奴隶 等级制度	
因此奴隶的后代天生就成了奴隶,	统治者的后代自然就成了统治者。	无论东方还是西方,奴隶制度都是从很早以前就存在的。"嗯哼!" "主人有什么吩咐……"
奴隶的生活非常悲惨。"啊!肚子好饿。"	他们一无所有,	甚至失去了获得自由的渴望,对于自己的处境完全听之任之。

卢梭的社会契约论

那么，在人类历史上，为什么会出现奴隶制度呢？
奴隶制度
卢梭认为是因为暴力。
强者用强力使弱者屈服，并将其变为奴隶。
在很久很久以前，人们分别生活在相距很远的地方。
本来是单独生存的人们，慢慢聚集在一起，逐渐形成村庄、部落，直至国家。
一直到这里，这片地方就是我们的国家。
咚
我们的国家
那么这边就是我们的国家。
在这里有一件非常重要的事情要讲，那就是“聚集在一起”是为什么呢？
是为了生存。
哎呀！救命啊——
人类为了生存下来，就需要将力量集中在一起。
啪
啪
啪
抓住它！
但并不是说，人们聚集在一起，力量就会自然而然地合并到一起，变得更加强大。
熙熙
攘攘
只有每个人承担自己的责任，
我负责前方警戒！
我负责后方。
贡献出全部力量的时候，才能发挥团结的作用。

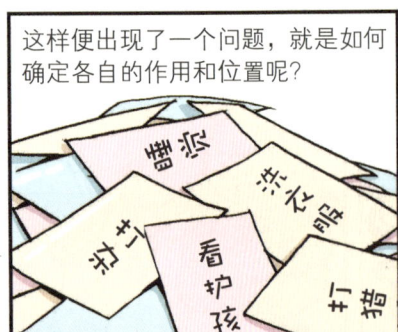

这样便出现了一个问题，就是如何确定各自的作用和位置呢？

如果自由确定的话，就会因为相互意见不同而产生纠纷。

我要当老大！

什么！老大当然是我！

时间就这样慢慢流逝。

终于我们都老了。

是啊，现在你来当老大吧。

这时候，群体中通常会出现一个人，

这个人会站出来，下达命令，统帅其他人。

你去那边，你在这边！

是！

但是，这样的人靠的并不是大嗓门。

啊……啊……话筒测试！啊……啊

在领导的指挥下，每个人负责自己擅长的工作，比如打猎、钓鱼、做饭等，

呃！

我最害怕打猎。

我根本不会做饭，是不是分配错了？

这样就会很自然地形成分工。

然后，单纯的群体就会转变成组织。

我们？

不是你们……

在这里有一点非常重要，那就是无论是否情愿，领导者都已经具备了一定的权力。

嘿嘿嘿

在人类的历史上，领导者曾经有过各种各样的形态，

呜哇 呜哇

从原始社会的族长，到祭司、皇帝、君主，一直到现在的总统、首相等。

Hi

卢梭的社会契约论

那么，领导者是如何成为领导者的呢？

是自己说要成为领导者，就能当上领导者吗？

我……我要当班长！

现在，任何团体都是通过选举的方式来选拔领导者的。

李根三 赵明原 李南高
李根三
李根三

这种得票最多的人当选的方式，是近代才出现的。

谢谢大家，我一定会好好努力的。

而由一直被视作牲畜的人民来选举领导者，这在卢梭生活的时代是不可想象的事情。

以前，人们相信，统治者是由神明决定的。

他作为神的代言人来统治人类世界。

排好队！排好！

无论是成为统治者，还是成为被统治者，都是神的意愿。

噢，神啊！

人们坚信，这一切都是从一出生就确定好了的。

呜哇哇

奴隶也是按照神的旨意，

呜哇！

生来便是奴隶。

我可怜的孩子。

呜哇！

第3章 人人生而自由 61

而这种思想之所以扎根于民众之中，历史上的学者们作出了很大的贡献。

学者们四处散布有利于统治者的各种言论。

哈！很帅吧？

被卢梭极力批判的格劳秀斯认为，

国王拥有的权力是正当的，

咚 咚

如同个人要放弃自己的自由，成为主人的奴隶一样，

人民也应该放弃自由，成为国王忠诚的臣民。

汪汪

去捡回来！

将人民比喻成奴隶，光是这一点就已经很过分了对不对？

嗯，干得好。

汪汪……

现在我们先来了解一下格劳秀斯到底是个怎样的人。

格劳秀斯

格劳秀斯生活在16世纪末至17世纪初。

16世纪 17世纪

他出生在荷兰，是著名的法学家，同时也是一名外交官。

他是近代国际法学的奠基人，同时也是近代自然法理论的创始人之一，被誉为"国际法之父"。

战争与和平法

格劳秀斯

62　卢梭的社会契约论

| 但卢梭对他的思想却持反对态度。"那都是错误的！" | 因为"奴隶"和"人民"在根本立场上是不同的，情况也各不相同， | 格劳秀斯则完全忽略了这一点。"那些根本没有必要！" |

| 成为奴隶的人，为了活下来，只能放弃自由， | 而人民如果放弃自由，能从国王那里得到什么呢？ | 哪怕是每天吃的粮食，国王也没有提供给他的人民。"只要我吃饱了就行，人民算什么！" |

| 相反，国王除了要从人民那里获得粮食，"下一个……" | 还夺取人民的财产。"很适合我吧？" | 最终，人民将自由和财产全都献给了国王。"这些我永远也享用不尽。" |

| 也许人民是自愿地放弃了自由和财产，但他们没意识到，"这是我献给陛下的心意。" "噢" "好的，好的，果然是我最好的臣民。" | 放弃自由，就是放弃人的尊严、权利，以及人的义务等一切。"扑通" |

第3章　人人生而自由

卢梭认为，这种放弃的行为是违背人类本性的。

不能放弃呀！

而人民不可能主动做出违背人类本性的行为。

那么……结论是？

人民并不是自愿地向国王献上自己的自由，

而是被国王剥夺了自由！

交出来！

而格劳秀斯等人对于奴隶制的热爱，更是与众不同，

怎么总是提到我，真是不好意思。

不过，不是在说我的坏话吧？

他们认为，产生奴隶制的根源是战争。

按照他们的说法，

胜利者有权杀死失败者，

而失败者就应该失去自由，成为奴隶，以换得活命的机会。

胜利者得到奴隶，失败者保住性命，这样对双方都是有利的。

总算捡回一条命。

打仗花了很多钱，不过得了5000名奴隶，也算是没损失。

64 卢梭的社会契约论

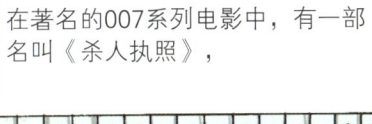

| 那么，战争中的胜利者就拥有杀死失败者的权力吗？ | 对此卢梭是坚决反对的！他认为，"在战争中获胜就是得到了杀人许可证"是一种错误的想法。
都把手放下来！
如果在战争中获胜就可以随便杀人的话，那也太没有人性了！ |

| 在著名的007系列电影中，有一部名叫《杀人执照》， | 但那不过是电影中的故事而已，
Licence To Kill | 战争，不是个人对个人的战斗，
剪刀，石头，布！ |

| 而是国家与国家之间的战斗。
国家　国家 | 它与个人之间的争斗、纠纷、冲突，是有本质区别的。
单！
双！ | 参与战争的士兵相互之间并不认识，
初次见面，先打个招呼，然后就开战吧。
是的……见到你很高兴。现在开始打吗？ |

| 没有任何仇恨，但他们在突然之间就变成了敌人。
对不起了。
啊！我为什么一定要和你打呢？ | 而应该把对方的国家作为敌人， | 而不是将对方国家的人民视作敌人。
不准动！ |

第3章　人人生而自由

在这一点上,古罗马人就做得非常谨慎。

嗯……

罗马公民在上战场之前,都会先宣誓。

在宣誓中,明确指出哪些人是必须反抗的敌人。

绝不伤害平民!

事实上也确实发生过这样的事情。这是一个关于爸爸和儿子的故事。

在战斗中,儿子所在的军队要进行改编。

于是,爸爸给司令官写了一封信。

他在信中指出,因为最初的宣誓已经失效,所以儿子不能再与最初的敌人战斗,

如果要继续参加战斗,就应该重新宣誓。

他也给自己的儿子写了一封信。

儿子,如果没有重新宣誓,就不要继续参加战斗……这是爸爸对你的嘱托,希望你能认真对待。

这真是一位性格耿直的公民。

而这种遵守原则的态度,不就是古罗马帝国的原动力吗?

现代的战争已经不再像过去那样使用长矛与盾牌，而是采用尖端的电脑技术，
GO GO GO
今天一定要胜利！
变成了电脑与电脑之间的战争。
电视中会直播武器发射的场面，
MBS
而人们则像看电影一样观看这些场面。
互联网让网民们可以随时交流各种信息。
现代战争的模式已经发生了巨大的变化。
轰隆
轰隆
在不久的将来，或许真会制造出像电影中那样的机器人，到那时战争不知又会变成什么样子。
但是，无论怎样，爆发战争的主要原因是不会改变的。
进攻！
啊！
接招！
哇啊
啊
进攻！
进攻！
通常都是因为统治者的私心或者贪欲而引发的。
我要夺得那块土地！
我的领土
哼！
绝对不能被他夺走！

现在让我们重新回到关于胜利者的权力这个问题上来。

按照卢梭的理论，战争的目的就是征服敌国，

敌国的士兵如果手里拿着武器，那么当然应该作为敌人被杀死。

呃！不要让敌人知道我的死讯……

但是，敌军一旦放下武器投降，

我们投降！

他们就不该再被视为敌人。

现在我们不必再战斗了，哈哈！

是啊……终于可以做朋友了！

而是重新成为了单纯的个人。

而对于作为"人"的他们来说，任何人都没有杀死他们的权力。

对敌国的士兵应该如此，

对战败国的人民当然更应该如此。

任何人都没有权力去杀死他们，或者将他们变成奴隶。

而且，胜利者和失败者也只是一种临时的关系，是绝对不能持久的。看看职业棒球公开赛吧，是不存在永远的胜利者的。

棒球公开赛

68　卢梭的社会契约论

即使是战争的胜利者，或者是强者，
也不可能是永远的统治者。
因为，胜利者和强者
的武器就是暴力，
而暴力，不过就是一种
物理性的力量。
嗨！
砰
当然，每个人都会有痴迷于
“力量”的时候，
小心点儿！
呜
真酷……
但是，使用“力量”通常并不是
什么美好的行为。
抽泣
傻瓜！
我本来想
跟你做朋
友的。
知道了，知道了，你们现在已经热
血沸腾了是不是？
一！二！……
一百万零
二十一，
一百万零
二十二。
浑身充满力量不知该往哪里使对不对？
啊啊
握紧了拳头，时刻准备着。
跆拳道！
跆拳道！
但是，要想在真正需要的时候发挥
作用，最好还是要保存体力。
睡觉是
最好的休息。
而真正的强者，
是那种只要一个眼神就可以制服
对方的人。
别动！
那是一种犀利的眼神。
没错，就是那样。
呼
呼
呼

好像又跑题了，现在让我们重新回来。
对不起！
如果我被一个持枪的强盗抢劫，
把钱都交出来！
他使用暴力，强行抢走了我的东西。
虽然我因为那个人的暴力而屈服，
但我那样做只是为了保全性命，
生命比金钱更宝贵……
而不是出于我的本意。
当然更不是出于义务或者责任。
帮我拿书包！
好……好吧。
任何人都没有服从暴力的义务。
你们要干什么？
不许欺负弱小同学！
暴力只会暂时性地建立一种统治与服从的关系，
呜
呜
但无法建立社会秩序。
谢谢！
没什么。
因此，只通过暴力，是无法得到任何权力的。
而且，也没有人天生就具有统治别人的权力。
啊！

好吧，现在让我们来整理一下思路。

按照卢梭的主张，人们如果要服从于权力，必然要通过权力获得某些利益。

跟我来，我会带你们去好玩的地方。

如果行使权力的一方与服从的一方都可以获得利益，就说明这种权力是正当的。

双方就可以把力量合并在一起，

建立一种公平合理的关系。

结论就是，合法而正当的权力，

我宣布，综合各位议员的意见，这次的提案全票通过。

必须要以对双方都有利的契约为基础。

啪 啪 啪

换句话说，就是以双方都可以愉快接受的社会契约为基础。

那种剥夺人的自由，

只要求绝对服从的契约，是一种没有任何意义与价值的契约。

第3章 人人生而自由 71

格劳秀斯的《战争与和平法》

以人为本的自然法

格劳秀斯是著名的法学家，1583年出生于荷兰。被称为"荷兰神童"的格劳秀斯14岁的时候就进入大学学习，后来成为了一名律师。1619年，他因宗教纷争而锒铛入狱。3年后在妻子的帮助下来到法国巴黎，在那里，他撰写了著名的《战争与和平法》。他在《战争与和平法》中第一次阐述了国际法的概念，也因此而被后人誉为"国际法之父"。

要想理解格劳秀斯的《战争与和平法》，首先要了解16世纪前后开始出现的近代自然法的概念。因为《战争与和平法》是基于自然法理论撰写的。

所谓自然法，是指一种尊重人类理性的法，源于古希腊和古罗马的斯多葛学派。但是，在基督教盛行的中世纪，自然法也受到神学的支配。因为中世纪的人们坚信，一切法的源泉都是上帝。

以神学为中心的中世纪的自然法，因16世纪之后出现的宗教改革和科学革命而面临着挑战。法学家们开始强调人类的理性，而不再是神的意志，并以这种原理为基础，奠定了近代自然法思想的基础。

法学家们认为，自然法不是神的绝对意志这种超现实的原理，而应该扎根于更加合理的人类的

▲ 被后人誉为国际法之父的胡果·格劳秀斯。

"理性"中。因此，近代自然法中加入了人类社会生活必需的社会性或与利益有关的内容，而最有代表性的法学家就是格劳秀斯。

信义与理性的强调

在《战争与和平法》中有这样的内容：人类的特性是一种强烈的社交愿望，即一种与同类共营社会生活——和平的、基于人类理性的准则组织起来的社会生活的愿望。这种社交倾向被斯多葛派称为"合群性"。这也是对人类理性的一种肯定。格劳秀斯在这本书中提出，维护人类之间信义的行为是所有法律秩序的根本。

了解了格劳秀斯的这种思想，以及他的著作，也就可以理解为什么在《社会契约论》中会经常出现格劳秀斯的名字了。后来，以格劳秀斯等人的思想为基础的近代自然法，又被启蒙思想家们进一步发展，成为了私有财产权、社会契约论、人民主权说等理论的基础，并且对美国的独立战争和法国大革命也产生了深远的影响。

▲ 《战争与和平法》的封面。

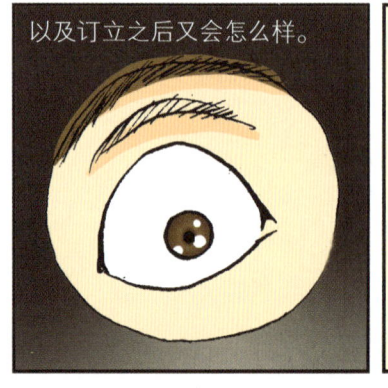

第4章 为社会契约盖章

现在,关于《社会契约论》到底是讲什么,大家已经大致了解了吧?

社契约

下面让我们来详细了解一下,社会契约是如何订立的,

啪 啪

以及订立之后又会怎么样。

按照卢梭的说法,社会契约也存在于家庭之中。

认真听吧!

不要太惊讶哟。

74　卢梭的社会契约论

在所有的社会形态中，家庭是最古老的社会，也是唯一处于自然状态的社会。

父母孕育他们的子女，通过这种方式代代相传。

当然，有的家庭也只由夫妻二人构成，

更普遍的则是父母与子女两代或三代同堂的家庭。

卢梭在这里所指出的，也是存在于父母与子女之间的契约。

或许大家已经不记得了，

你们从出生开始，是完全依赖父母生活的。

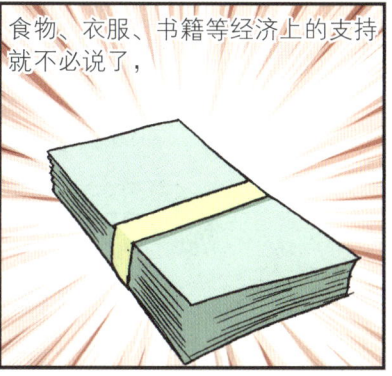

食物、衣服、书籍等经济上的支持就不必说了，

在精神和身体上，也处于需要父母保护的状态。

当然，进入青春期以后，会逐渐产生逆反心理，

危险 请勿触摸

那时会觉得父母的保护成了一种干涉？

就知道看电视，快去写作业吧！

讨厌！讨厌！

我很理解！非常理解！因为我也是从那时候过来的。

哈哈哈

第4章　为社会契约盖章

75

卢梭认为，子女留在父母身边，是为了能够生存下来。

妈妈，我爱你。

给我点儿零用钱吧。

随着子女的成长，当他们能够完全独立以后，就会脱离父母。

哦，我终于可以独立啦！

而这时候，父母也可以从子女的束缚中解脱出来。

现在让我们去旅行，好好享受生活吧。

好啊。

父母从养育的责任中脱离出来，

养育责任

子女也从对父母的服从义务中脱离出来，

哦！自由啦！

双方都各自回到了独立的状态。

这样一来，父母与子女之间那种自然的纽带就会被完全切断。

如果父母与子女继续生活在一起，

妈妈，我饿了，快给我端饭来。

那就不是一种自然的结合，而是要靠协议（契约）来加以维持。

先付钱再吃！

妈妈，太过分了吧。

你是不是觉得，这种说法听上去好像对，又好像不对？

快付饭钱！你这个小子！

咚

76　卢梭的社会契约论

既然话已经说到这里，那么什么时候脱离父母、自己独立生活比较好呢？
你们计划在什么时候呢？
还是想一辈子和父母生活在一起？
你不去上班吗？
或者是像“袋鼠族”那样，一生被保护呢？
是说我吗？
所谓“袋鼠族”，指的是那种从学校毕业以后，到了自立的年纪也不出去工作，
咚
咚
别玩游戏了，快去找份工作吧。
等我把这关玩完。咚！咚！
或者就算找了工作，也还是依赖父母生活的年轻人。
快点儿回家，妈妈一定已经准备好晚饭了。
今天公司要聚餐，你要去哪里呀？
就像是一直被袋鼠妈妈放在育儿袋里的小袋鼠一样。
妈妈快跑！
法国甚至专门针对这种袋鼠族拍摄了一部电影，
TANGUY
5月上映
这似乎已经成为了当代严重的社会问题之一。
电影的名字叫作《唐吉》，
TANGUY
在法国，“唐吉”也成了袋鼠族的代名词。
妈妈！
妈妈……
是唐吉族。

卢梭在讲到社会契约的时候，将家庭单列出来，是有原因的。
都过来吧。
家庭关系在一定程度上，就相当于统治者与人民的关系。
哇，好香呀。
多吃点。
卢梭将家庭看作是一个政治社会，人民对应的是孩子，
统治者对应的是父亲。
嗨哟！
爸爸！
就是说，人民并不是毫无办法、无条件地服从，
请付擦皮鞋的钱。
那么，如果想让那些生来就平等、自由的人民，
顺从于统治者的指挥，
现在马上去挖那边的土地！
就必须要让他们得到一定的利益。
挖完地，给我们什么？
从人民的角度来说，
嗯……
如果对自己没有任何益处的话，很有可能会起身掀翻“棋盘”，
我才不干！
变成另一副样子。

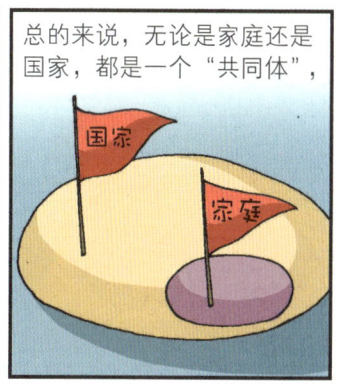

但国家与家庭之间有着天壤之别。

父母照顾子女，是出于亲情，

而国家却不是这样。

统治者对于人民是没有亲情可言的，

干活！快！啪 啪

他们将对人民发号施令看作是一种乐趣。

我就喜欢这样。

总的来说，无论是家庭还是国家，都是一个"共同体"，

而这个共同体必须要依靠有利于全体成员的社会契约来维持。

社会契约

这样一来，成员们就会通过共同的力量保卫国家和维护自己，

我们来站岗，你们放心地种粮食吧，到时候也分给我们一些。

不必担心粮食的问题，你们只要保卫好国家就可以了。

共同体的成员完全不需要接受任何人的统治，

嘿嘿嘿！我是你们的主人！

或者服从于任何人，

而是享受到人类本性中的自由。

干完活儿了，该去睡觉了。

耶！ 我可以去旅行了！

第4章　为社会契约盖章　79

社会契约的实际缔结，具备多层含义。

第一，每个人都要献出自己及自己的所有权利。

因为大家都处于同等的条件和位置上，所以大家也因此而变得平等。

第二，个人不再保留独有的权利。

第三，因为每个人都献出了自己，就相当于是任何人都没有献出自己。

没有失去什么，反而得到了许多。

通过共同的力量，可以更有效地保护自己。

那么，人类最初的社会契约是在什么时候，又是怎样形成的呢？

真的曾经有过那样的事情吗？

还是只是卢梭在自说自话？

让我们一起回到原始社会去看一看吧！

80　卢梭的社会契约论

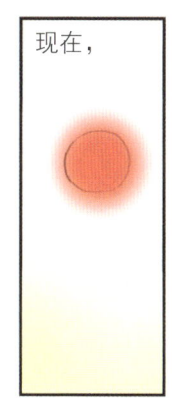

现在，

我们来到了原始社会。无法说出准确的日期，因为那时候既没有日历，也没有钟表。

地点就在地球上的某个地方。

没有GPS导航，没有地图，也没有指南针。

人类的祖先，穿着最简单的衣服，四处游荡。

有人在打猎，有人在捕鱼，

有人在采摘树上的果实。

还有人坐在树下，正努力制作什么东西，是在制造武器吗？

咚 咚

哦……有一个人流着血回来了。

他一脸痛苦的表情，看来伤得很重。

呃！

原来是受到了野兽的攻击，必须要马上治疗。

第4章 为社会契约盖章　81

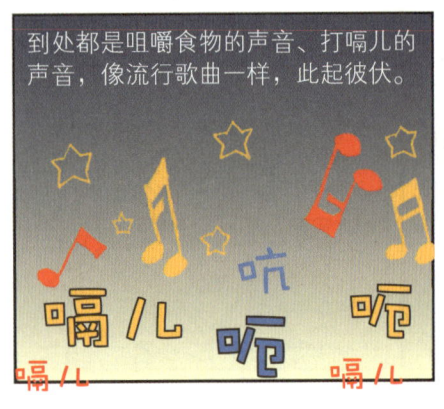

到了晚上，

人们神情肃穆，开始慢慢地聚集在一起。

人们聚集在篝火旁边，似乎要商量什么事情。

有时还会大声地争论，相互比比划划。

气氛有点儿紧张。

这时候，晚饭准备好了，人们停止争论，开始吃饭，大家吃得津津有味……

到处都是咀嚼食物的声音、打嗝儿的声音，像流行歌曲一样，此起彼伏。

气氛缓和了许多，

还传来了唱歌和拍手的声音。

最后，人们做出加油的手势，并大声喊着什么，似乎已经做出了某个决定。

一个重要的契约形成了。

刚才我们"再现"了人类历史上最富戏剧性的一个场面。

啪啪 啪

这是最早订立社会契约的时刻！多么令人激动啊！

这场戏的导演是谁呢？当然就是我啦！

准备——

虽然，并没有证据可以证明实际发生过这样的事情，

但卢梭认为，人类一定曾经在某一个时刻达成过这样的协议，

而且是全体一致同意的。

与其他的契约不同，这个契约是让每个人都完全奉献出自己，

请接受！

形成一个共同体，

共同体

如果有一个人持反对意见，这个共同体也是无法形成的。

我不感兴趣。还是睡觉舒服。

实现这种状态的前提是，所有人都不是只为自己而活，

而是共同约定好去承担社会所要求的义务。

第4章　为社会契约盖章

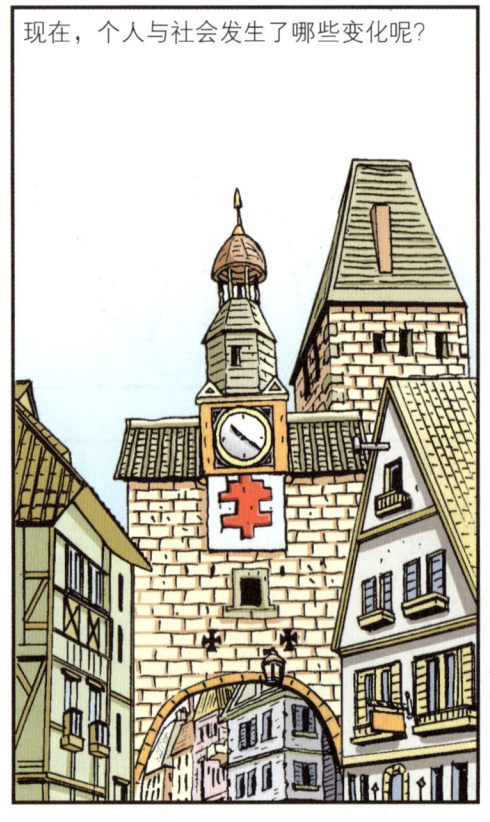

现在，个人与社会发生了哪些变化呢？

让我们按照订立契约之前与之后，

分别来看一看。

首先，在订立契约之前，说得好听些人类是自然人，说得不好听的话，就是野蛮人。

那时的人类只知道满足本能的需要，

想吃的时候就吃，想睡的时候就睡。

怎么了？这样不行吗？

为什么我会一直冒冷汗？难道这就是我本来的面目吗？

总之，自然人只是依靠着大自然的恩泽生活，而没有其他的想法。

只要自己能吃饱喝足就够了。

84　卢梭的社会契约论

下面我们再来看看订立契约之后。
AFTER
人类成为了社会人和文明人。
人类要学会思考！
做任何事情，都要遵循一定的规则。
你还在这样生活吗？
？
人们不再只满足本能的需要，开始有了对于正义、义务、权利等更高层次的追求。
正义
义务
权利
石头
人们开始懂得思考周围的情况，并逐渐发展出道德观念。
不能偷东西！
要信守承诺！
不能杀人！
……
虽然要放弃一部分契约订立之前可以享受的利益，
但是也获得了很多新的东西。
而且在社会中出现了分工，每个人的能力都可以得到充分的发挥。
原来种庄稼是这样的。
按照卢梭的说法就是，人类开始醒悟，
情感变得高尚，灵魂受到鼓舞，不知不觉中就有了幸福感。
每天劳作虽然很累，
但却很幸福。
总之一句话，泥鳅变成了龙，终于开始睁开眼睛看世界！
啊……
发现了！

到这里，我们已经了解了契约带给成员们的各种变化。

现在，是时候来看看作为契约的结果，也就是所建立的共同体了。

这个共同体大都被称为国家。

当然也存在一些其他形态的共同体。

就好像人一样，共同体也具有自己的生命和意志，以及人格。

共同体由个人构成，但又超越了个人，有独立的公共人格。

卢梭将这种公共人格称为"主权者"，其含义相当于"权力"。

主权者不能做出违背成员利益的事情。

也就是说，主权者必须是善良的！

共同体的成员称为"人民"或"公民"。

在《社会契约论》中，根据文章的脉络，交替使用了人民和公民的称谓。

我们在这里暂且统一表述为人民。

卢梭的社会契约论

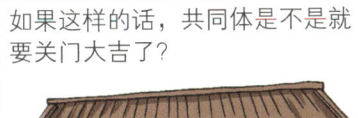

但是，在缔结契约之前，还必须达成一个重要的约定。

因为，

契约一旦达成，就不能再提出自己的个人意见，而应该服从于"公共意志"。

我们要玩篮球。

不行，我要踢足球！

其实，只要达成了契约，就代表已经成为了一个共同体。

大家必须要共同努力，维护这个共同体。

每个人当然都会有其个人意志，也可能会与公共意志，即公意，有所不同。

有人可能会忽略对共同利益的义务。

只要我过得好就行了。

这些人不履行成员的义务，只想要求权利。

我也是这个社会的一员，我有权利……

如果这样的话，共同体是不是就要关门大吉了？

因此，为了防止共同体的解体，每个成员都必须约定服从于公共意志。

宣誓

只有有了这样的约定，其他的约定才有意义。

第4章　为社会契约盖章

87

在约定服从公共意志之前，每个成员都应该深思熟虑一番。

嗯，真苦恼呀。

……

因为每个人的立场不同，利害关系也不同。

……

嗯……我好像还是比较适合不受束缚的生活。

怎么办呢……

能跟那些想法不同的人友好相处吗？

不行不行，我要好好考虑一下……

……

有时还会遇到必须要牺牲个人利益的情况。

但是，由于通过这个约定可以获得保护，这是一种更大的利益，所以最终，约定还是达成了。

当然，也会有人后悔。

唉，真是追悔莫及呀。

不过已经约定了要服从于公共意志，

咚

订立了社会契约，

社会契约
我承诺信守约定
全体人民

也就形成了共同体。

共同体

下面我们来看看，人们是怎样通过共同体来享受自由、

自由

保护财产的。

88　卢梭的社会契约论

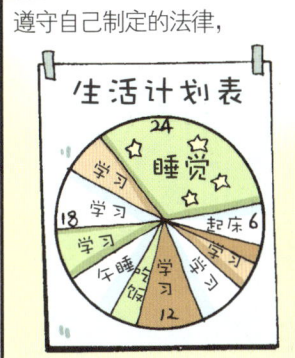

首先,我们要知道什么是自由!

人类订立了社会契约,

失去了原始的自由,但却获得了作为公民的自由。

当然还有自己成为自己主人的精神自由。

遵守自己制定的法律,

是自由人分内之事。

但是,在卢梭生活的那个时代,

普通人是完全无法获得自由和平等的。

只存在主人和奴隶,国王和百姓,贵族和平民,

统治者和被统治者的关系。

其实,有史以来,人类就从未实现过真正的自由与平等。

卢梭坚定地认为,每个人都应该是自己的主人。

你们的主人就应该是你们自己!永远不要忘记这一点!

第4章　为社会契约盖章

89

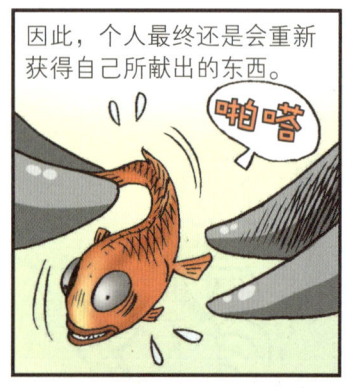

现在我们来看看，怎样通过社会契约来保护财产。	缔结了社会契约以后，就不能随心所欲地拥有想要的东西， 哇！ 这是我曾经最想要的玩具。
但可以合法享有自己的财产。	个人将自己的财产贡献给共同体， 我献上面包…… 我献上这块土地……	并不表示个人的财产就会成为主权者的财产。
共同体会保障个人的所有权， 啪嗒 啪嗒	这种权利受到所有成员的尊重。 你抓了这么多鱼呀！	而在面对其他国家的时候，国家也会保护个人的所有权。
因此，个人最终还是会重新获得自己所献出的东西。 啪嗒	这样一来，个人的财产就能得到主权的强大保护，	而主权也会发挥出更大的力量。 力

卢梭的社会契约论

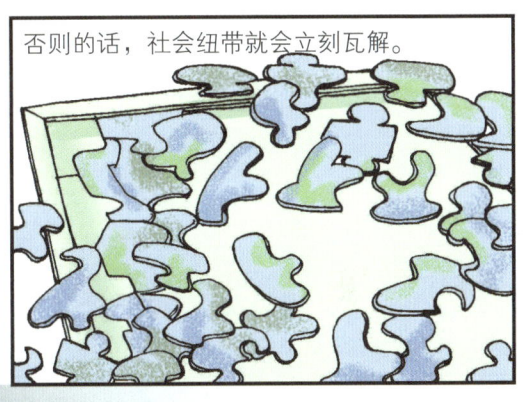

如果把每个人所拥有的土地全都合在一起，就会成为国家的领土。这些领土也就成为了主权者的权利。

卢梭认为，国家对于土地的权利要优先于个人。否则的话，社会纽带就会立刻瓦解。

以前的君主们或许都没有考虑到这一点，他们更看重统治国民，而不是掌管国土。不过，在卢梭所生活的那个时代，君主们都很厉害，

他们都通过占领国土来统治国民。我们可以得出这样的结论，人类天生就是不平等的，每个人的才能和体力都各不相同，但是可以通过社会契约，让人人变得平等。

第4章　为社会契约盖章

法国大革命

革命的导火索

法国大革命的爆发与法国的王室有着密切的关系。法国王室在路易十四建立的绝对主义体制下，无视人民的生死，由部分贵族和教士组成的特权阶层在人民头上作威作福。特别是路易十六的政府，因为支持美国的独立战争而陷入了严重的财政危机。法国民众感到了危机，不满情绪与日俱增。

1302年，腓力四世创办了三级会议。三级会议是教士、贵族、平民三种身份的人集中在一起，决定国家重要问题的会议，平民只是名义上的参加者，实际权力都掌握在教士和贵族手中。1789年，路易十六想要通过增加税赋来填补空虚的国库，再次召开三级会议。平民代表通过投票的方式解散了三级会议，并另外成立了"国民公会"，但路易十六对此并不承认，他召集了军队，让巴黎民众陷入恐惧之中。1789年7月14日巴黎民众的不满终于爆发了，在这一天，巴黎人民攻占了关押政治犯的巴士底狱，这一事件迅速蔓延，全国各地陆续爆发了农民起义。

▲ 1789年7月14日，巴黎市民武装攻占巴士底狱。

追求自由与平等的《人权宣言》

　　一直忧虑事态发展的法国制宪会议在1789年8月4日宣布废除封建制和君主制，法国民众也因此获得了在法律面前人人平等的资格。国民议会8月26日发表了《人权宣言》，内容包括人类的自由与平等、人民主权、思想自由、赋税平等，这些内容也被看作是建立新秩序的原则。人权宣言的内容虽然并不完整，但对于近代民主主义却有着里程碑般的意义。那个时期，巴黎的粮食严重短缺，1789年10月5日，再也无法忍受的巴黎民众高喊着索要面包，在凡尔赛宫前游行示威。第二天，民众将路易十六一家押送返回巴黎。

落下革命帷幕的政变

　　因为担心革命之火继续蔓延，奥地利和普鲁士不断向法国大革命的支持势力施加压力，战争爆发了。而后，革命势力宣布实现共和，将处于内忧外患中的路易十六推上了断头台。后来，罗伯斯庇尔领导的雅各宾派掌握政权，建立了革命政府。为了控制住国内外的紧张局势，政府采取了恐怖政策，将大批人送上了断头台。反对势力在1794年处死了罗伯斯庇尔，并成立了新的政府机构——督政府。然而，不断的政治动荡让人民饱受苦难，人民热切地渴望安定，当时，被看作是民族英雄的拿破仑·波拿巴发动政变，推翻了督政府。法国大革命也就此落下帷幕。但是，法国大革命所追求的自由、平等，以及博爱的精神，时至今日，仍然是法国精神的精髓，并且是全世界民主社会共同追求的目标。

第5章 发现共同意志

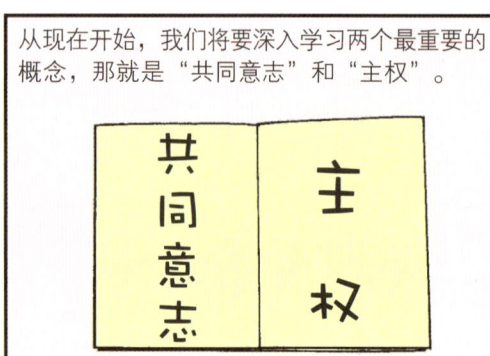

从现在开始，我们将要深入学习两个最重要的概念，那就是"共同意志"和"主权"。

按照书中的解释，共同意志也可以表达为"整体意愿"，而在学术界则通常采用"共同意志"这种说法。

同意使用共同意志！

至于它的含义，前面已经说过，就是共同的意志，可以简称为"公意"。

但是它并不是把所有人的想法简单地集中起来。

卢梭的社会契约论

共同意志
很陌生的一个词？
第一次听到？
共同意志，看不见摸不着，
抓鱼去喽……
抓住啦！
咚咚咚
是不是觉得更晕了？
我刚才到底
在干什么？
实际上，卢梭也没有对共同意志进行详细的说明，
所以后来的学者都有自己的理解，意见并不统一。
我有不同的
想法。
哦，是吗？那么博士
您的看法如何呢？
嗯……
在普通人看来，其含义就更加难以捉摸了。
啊！这是某种
动物的蛋吗？
卢梭认为，符合共同体全体成员的意志，
就是共同意志。
共同意志
世上真的存在能符合
所有人意志的东西吗？
任何组织或者个人之间，都会
存在不同的想法，
发现
恐龙蛋！
博士，这个是
鸵鸟蛋。
利害关系也各不相同。
肚子好饿，咱们
做个煎蛋吃吧。
应该把它
还给鸵鸟
妈妈。
但是，共同的利益是明确存在的。
把蛋还给鸵鸟妈妈，
是对自然的保护，
而大自然会带给人
类很多好处，所以
这也可以算是一种
共同的利益。
而所谓的社会纽带，也是从这
个共同的部分中产生出来的。
社会纽带

共同意志的概念非常抽象,很难一下子理解透彻,

这画的到底是什么?

可以简单地理解为自由、平等、和平,

是对所有人来说都很宝贵的价值。

就如同是早上清新的空气。

啊,对了……共同意志并不是固定不变的,而是会随时发生变化的。

就像我一样,总是在变化。

当国家陷入政治混乱的时候,共同意志会变成"政治稳定",

推翻××总统下台!

而如果是经济危机的状况下,则会变成"经济复苏"。

IMF

在这里要提出一个问题!

你们家的共同意志是什么呢?

载元的家

必须是对全体家人有益,而且是大家共同的意愿。大家坐在一起聊一聊,应该就能找到了。

不妨全家人坐在一起,讨论一下家庭的共同意志。

要是你们说出共同意志这种深奥的词语,爸爸妈妈一定会大吃一惊吧?哈哈哈!

啊

卢梭的社会契约论

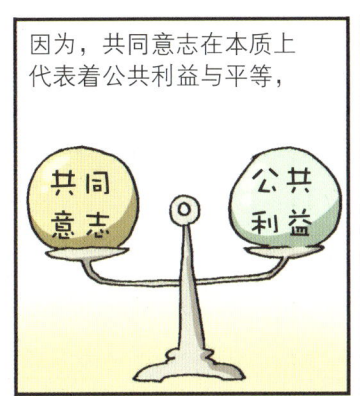

那么，在国家这个更大的组织中又是怎样的情况呢？

个人的意志会在多大程度上与共同意志保持一致呢？

卢梭认为，就算两者是一致的，也不可能永远维持不变。

因为，共同意志在本质上代表着公共利益与平等，

而个人意志显然是以个人为中心的。

那么共同意志是由谁决定，又是怎样决定的呢？

真是太无耻了。

我认为，要想发现共同意志，最好是一个人冷静下来，独自思考。

因为几个人聚集在一起，吵吵闹闹，反而会造成混乱。

走这边！
应该走那边！
不对，是这边！

不能只考虑自己的利益，

什么才是对共同体最有益的选择，当独自思索的时候，才能得出最好的结论。

什么时候能穿上衣服呢？

因为，共同意志一定隐藏在我们内心中的某个地方。

第5章　发现共同意志　　97

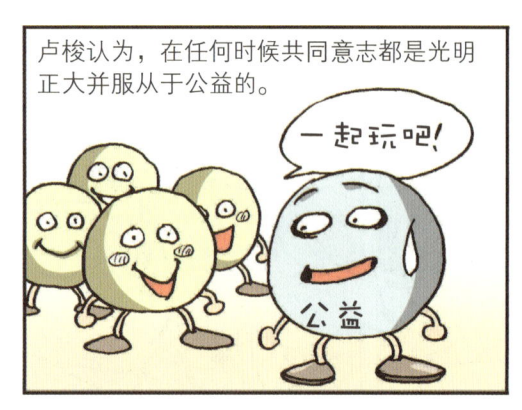

那么，这样发现的共同意志，任何时候都是正确的吗？

又是谁来为它提供保障呢？

哈哈哈……好不容易问出了一个精彩的问题。

卢梭认为，在任何时候共同意志都是光明正大并服从于公益的。

一起玩吧！

但是，人民的决定并不总是公正或者符合公益的。

好吧，就这么决定了！

有时也会出现模糊的情况，判断不出什么才是共同意志。

其实每个人都会有那种混乱的时候，不知道做什么，不知道怎么做。

明天要考试，可现在还不知道该复习些什么。

因为有时候，意志与行动是分裂的。

唉，应该认真学习的时候，却开始犯困了……

或许正是因为这个原因，卢梭也认为，共同意志并不一定要大家一致同意。

虽然每个人的意见都很宝贵，也很重要。

他认为，即使是通过公民投票获得了一致的结果，也不代表那一定是正确的。

98　卢梭的社会契约论

在卢梭的心中，对于人民的决定感到非常不安。

愚昧的人民进行投票……未来堪忧啊。

他认为，虽然人民懂得追求利益，但有时候并不能准确区分哪些有利，哪些有害。

我选的是1号，你觉得怎么样？

这个嘛！

人民有时会集体受到欺骗，招致错误有害的结果。

只要选我，我就请大家吃大餐。

真的吗？

在卢梭看来，会动摇共同意志的最有代表性的一个问题，就是派系。

我们的党最好！

真是笑话。

卢梭认为，一旦国家内部出现了派系，就会导致共同意志的消失。

派系的意愿，虽然也是一些成员的共同意志，但是如果从国家的角度来说，只不过是部分人的意愿。

吵死了！

人声嘈杂 闹闹 哄哄

而且，由于形成了组织，其影响力要远大于个人。

如果某一个派系成长壮大到可以主导整个国家，那么共同意志也就不复存在了。

只有听我们的话，你才有活路！

知……知道了，你们赶快出去吧……

因此，如果要正确表达共同意志，就必须要消除国家中的派系。

碎

派系

第5章　发现共同意志　　99

卢梭的想法与马基亚维利一致。
- 卢梭先生你好!
- 你好!很高兴见到你。

他们对统治者提出忠告，不要让对立者结成一个党派。

应该仔细观察他们是如何凑在一起的。

由此可见，统治者们会因为派系而大伤脑筋。
- 为了监视这些人，连觉也睡不了，真是困死了。

卢梭认为，既然社会派系已经存在，不如索性增加这些派系的数量。
- 你到那边再成立一个新派系！

让他们可以相互监视，相互牵制。
- 嘿嘿……

你们可能还不太了解派系到底是怎么回事，这些派系又会有什么样的影响力。
- 好啊！好啊！
- 优秀党

其实，在学校或是补习班里，也会见到那种结成小团体的同学。这也可以看作是一种派系，因为人都有着聚集在一起的天性。
- 我们去踢足球吧！
- 我们去打篮球！

在民主国家里是有集会和结社自由的，所以可以自由地建立各种组织。
- 哼，我们的组织有自己的法律。
- 犯罪组织是不包括在内的！

以韩国为例。韩国宪法第21条第1款明确提出，所有国民享有言论、出版的自由和集会、结社的自由。
- 哇，很棒的法律呀！
- 宪法

卢梭的社会契约论

韩国的政治制度是多党制，即同时存在两个以上的政党。

这种政治制度被写入了宪法。

而政治，并不只是政治家的事情，

以前只有特权阶层才能参与政治活动，但现在却是人人平等了。

全体公民都拥有参政权，

都可以通过大大小小的选举，表达出自己的政治主张。

选谁好呢？

这是我的秘密。

当然也有人不关心政治，

为什么要去做那么愚蠢的事情？

但我们的生活，一天也不能脱离政治。

就好像如果没有了空气和水，人就无法生存一样。

韩国既是民主国家，又是资本主义国家，存在着大批的利益集团，他们各自都在为着自己集团的利益而努力。

妇女协会　工商联合会　律师协会

在不妨碍其他人的时候，利益集团的活动是得到许可的。

我们一定要自重，并坚持我们的意见，

但不能对普通市民造成不便。

当然，当利益集团之间出现冲突的时候，

是我们先来的！

就需要一个仲裁人。

好了好了……不要吵，大家都稍微做一点儿让步。

仲裁人

第5章　发现共同意志　101

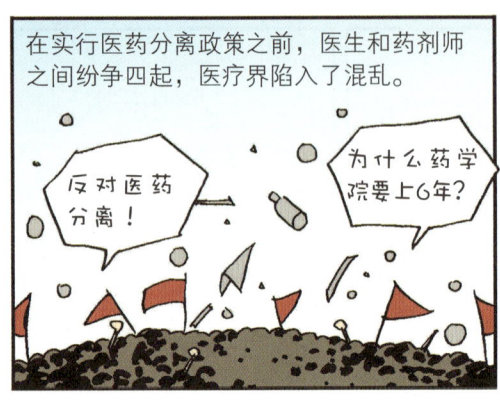

下面我们通过一个例子，来看看利益集团之间的激烈冲突。

在过去的几年中，韩国的医疗界因为利益冲突引发了许多矛盾。

我们是绝对不会让步的！

我们也是！

XX协会

药剂师协会

在实行医药分离政策之前，医生和药剂师之间纷争四起，医疗界陷入了混乱。

反对医药分离！

为什么药学院要上6年？

医生们开始罢工，

反对医药分离！

而遭殃的则是无辜的患者。

都没有人管我们了。

在药学院6年制的问题上，医生和药剂师持完全对立的态度。

药学院6年制是世界潮流！

谁也不能阻挡历史的脚步！

中医和西医围绕医疗范围展开了争论，

西医太小看中医了……

请停止CT检查！

对于药品的处方权，药剂师和医生也是针锋相对。

我看谁敢！

有什么了不起的！

因为这是直接关系到人民生命的重大问题，所以造成了严重的社会影响。

我们老百姓就是冤大头吗？

一个可以信任的人都没有。

其实不仅是医疗界，在其他领域也一样。

请听听我们的要求吧！

劳动组织总联盟

全国经纪人联合会

绝对不能进去！

卢梭的社会契约论

世界上并不是只有利益集团。与利益集团同时存在的，还有公益组织，而且数量在逐渐增多，

活动范围也越来越大。

请减少化学清洗剂的使用。

当然，尽管如此，公益组织的意志也不等同于国家的共同意志。

无论是利益集团还是公益组织，或者个人，

都是国家的成员。

只有全体成员共同努力，才能维系国家的生存和发展。

另一方面，国家也拥有支配人民的绝对权力。

就像每个人可以自由活动自己的身体一样。

当然，国家必须在社会契约的范围内行使权力。

要时刻准备着为国家做出牺牲。

这种权力就称为"主权"。

主权是决定国家意志的最高权力。

第5章　发现共同意志　103

例如，在韩国的宪法中有这样的内容。

国家的主权在于国民，一切权力来自国民。

也就是说，作为国家的最高权力——主权，不是属于总统，而是属于全体人民的。

我是为了大家而参政的。

从现在开始，我们要正式学习卢梭的主权论。

主权论

卢梭认为，主权是神圣不可侵犯的，是受到共同意志指挥的。

主权

主权是不可转让的。

这与共同意志不可转让是一样的。

虽然我想把我的全部都给你，但是意志却不能给你。

哼!

因为意志不是一种可以用来交换的东西。

意志

当然，主权也是不可分割的。

主权

不过，无论主权者多么重要，也不能无视个人的权利。

人民无需看主权者的眼色行事。

104　卢梭的社会契约论

人民可以随意出售自己的财产，也可以随意购买。
请卖给我一只小鸡。
当然，这一切都必须在社会契约的范围内。
但是卢梭同时也提出，如果主权者要求人民对国家做出奉献，
为了我们的国家，每个人都要承担起国防的义务！
人民必须要履行义务。
忠诚！
主权者会不会对人民提出荒唐的要求，
为了国家，我们要忍住不上厕所。
不要喝水，让它都变成汗。
或者其他无理的要求呢？
干脆把马桶都撤掉算了！
这种担心其实是多余的。
哎哟——也真是的。那都是开玩笑的，开玩笑！
因为，主权者都是善良、理性的，
人民的幸福就是我的幸福！
不会要求人民去做那些没有任何意义的事情。
我绝对不会让你们去做那种事的。
主权者甚至根本不会有那样的想法，
怎样才能让人民生活得更幸福呢？
又怎么会提出那样的要求呢？
发愣
想得太多，睡不着了。
发愣
确实是毫无意义！

作为一个共同体，主权者应该对人民采取肯定和尊重的态度。
国家的主人就是人民！
当然也不能对人民有任何的差别对待。
我们要共同建设平等的社会！
还要保护每个人的生命安全。
我们要努力保障人民的安全。
忠诚！
但是，卢梭也认为，既然个人已经签订了社会契约，就要为国家献出生命，
咚
咚
咚
咚
3
4
5
6
如果接到国家的召唤要奔赴战场，
呜呜呜
就要作出回报国家的行为。
冲啊！
如果没有社会契约，在广阔的大自然中，人们会遇到更多性命攸关的时刻，
嗷
救命啊！
所以为了祖国，人民应该勇敢地去战斗。
接招吧！
实际上，人们对于卢梭的这种主张有很大的争议。
完全没有道理！
没错！
但是，也可以找到很多予以肯定的事例。
啧啧！
唉……
你们这些人
是只见树木，
不见森林啊。

在历史上曾经出现过很多次这样的情况,那就是当有外敌入侵、国家陷入危机的时候,全国人民团结起来共同抵抗,赶走敌人。

卢梭认为,在国家这个"篱笆"里,

个人是无需为自己战斗的,

国家会保障每个人的安全。

如果没有了国家,人们会真正陷入到更大的危险中。

即使有的时候,人民为了国家而遇到危险,

最终也会通过社会契约获得利益。

第5章　发现共同意志　107

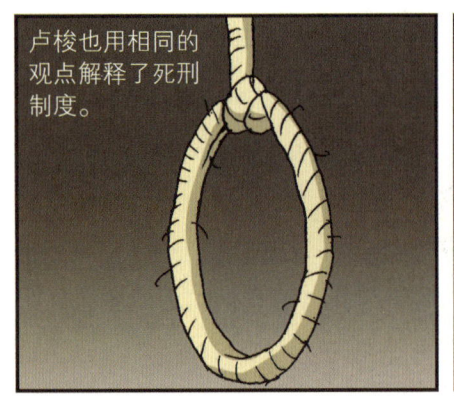

卢梭也用相同的观点解释了死刑制度。

违法的罪犯被看作是国家的叛徒。

叛徒！

因为法律代表了共同意志，

违法行为就是对共同体的背叛。

所以，罪犯同时也失去了作为国家成员的资格。

资格终止

这样一来，国家与叛徒之间就无法继续保持良好的关系，

国家

两者之中必须有一个要消失！

因此，要么将罪犯驱逐，

要么将其确定为公共的敌人，处以死刑。

因此，对罪犯的死刑判决，

咚 咚

就相当于宣布他违背了社会契约，

不再是国家的成员了。

108　卢梭的社会契约论

此外，对于罪犯的刑罚过于频繁，
今天大广场又有死刑执行。
唉，判处死刑怎么跟吃顿饭一样平常？
是政府衰弱或无能的征兆。
这也成为政府无力与懈怠的征兆。
因为无论怎样，恶人也不是一无是处。
阳光照过来了，挡着点儿。
啊……是……
因此，判处死刑要慎重。
应该放过这种坏蛋吗？
胜利！
只有在确定这是一个绝对不能进入社会的危险人物时，
如果放了他，可能又会去杀人。
才能判处死刑。
判处这个犯人死刑！
咚咚咚
当然也存在可以免除刑罚的赦免制度……
但是只有主权者拥有赦免权，而且如果频繁使用的话，
我今天心情不错，要不就把你赦免了吧？
也会成为国家衰亡的征兆。
哎哟，我的腰……
咚
咚
实际上，在一个运转正常、治理良好的国家里，刑罚是非常少见的。
因为没有罪犯，每天只能打苍蝇了！
因为根本就没有多少犯罪的人。
没有罪犯，我们当警察的快失业了……

像这样违背共同意志的行为，作为共同体的成员是不能做的。
嘿嘿嘿，真好吃！
抓住那个偷面包的贼！
面包房
共同体的成员必须服从共同意志，
共同意志
而后来的学者们批判卢梭的，
关于《社会契约论》的讨论
也恰恰就是“必须无条件服从共同意志”这一点。
卢梭所说的社会契约是绑缚了人民的另一种恶法。
制定社会契约的目的，就是不要成为其他人的奴隶，
要获得充分的自由，现在却要求大家服从共同意志。
要完全服从于国家，这就是最大的矛盾！
乍一看，这似乎是在强调国家利益高于个人利益。
国家的利益
个人的利益
这种主张会让人联想到极权主义，容易被独裁者滥用。
不过这并不是卢梭的错，而应该归咎于那些怀有恶意的人。
对了！

共同意志与主权、法律的关系

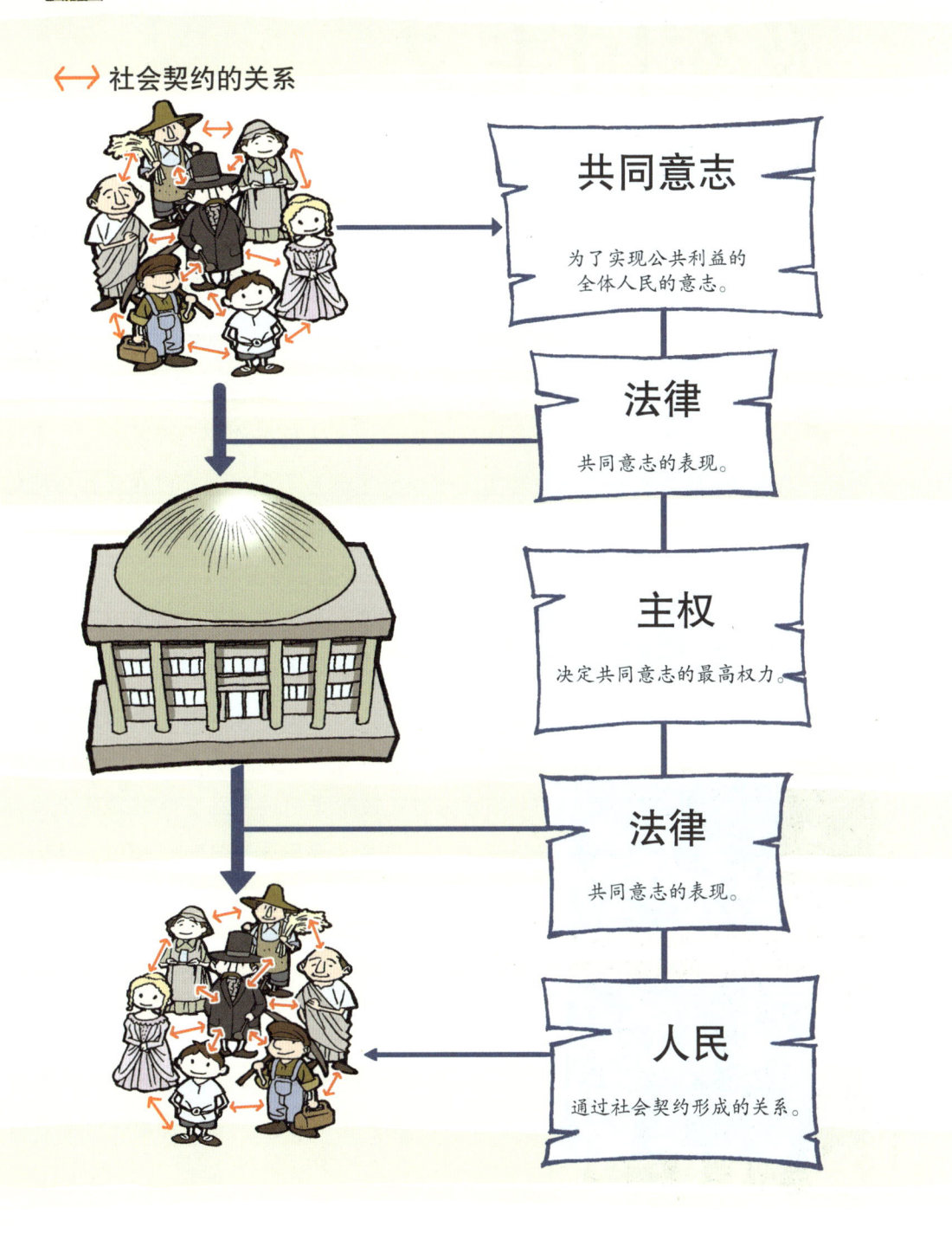

⟷ 社会契约的关系

共同意志
为了实现公共利益的全体人民的意志。

法律
共同意志的表现。

主权
决定共同意志的最高权力。

法律
共同意志的表现。

人民
通过社会契约形成的关系。

法西斯主义、纳粹主义及军国主义

被独裁者盗用的公意论

卢梭生活的18世纪，是君主专制最严重的时代。那时，权力完全是属于君主和贵族的，而这种权力又被声称是上天赋予的。卢梭则通过其革命性的思想向这种秩序举起了反旗。卢梭在《社会契约论》中提出，天下所缔结的所有关系都是"社会契约"。另外，历史和权力的主体应该是人民，而不是君主或贵族。

但是，他的思想也给贪恋独裁权力的人留下了滥用的借口。卢梭认为，在按照社会契约建立实现公意的国家时，人民服从国家的命令，并不是服从于外在的权力，而是服从于自己。社会契约可以赋予国家无限的权力。极权主义的独裁者盗用这一点作为自己政治思想的基础，将其转变为法西斯主义、纳粹主义及军国主义。卢梭的公意论也因此而受到批判，因为它有可能会被误读成强调人民绝对服从的独裁制度。

所以，有些历史学家认为，卢梭虽然是以自由为出发点，但实际却是在君主专制这一旧独裁形式上添加了名为公意的新独裁形式。而在这样的独裁面前，个人的任何要求都不可能具有正当性。

这些学者指出，法国大革命中曾经独揽大权

▲ 法西斯主义代表人物墨索里尼（左）与希特勒（右）。

的罗伯斯庇尔就是打着公意的旗号实行恐怖政策，实际暴露出的也是独裁者的面目。

法西斯主义：这是1919年意大利的墨索里尼提出的一种政治理论，强调国家无上的权力。法西斯主义初期似乎可以迅速解决意大利国内政治和经济的动荡，但最终却成为了独裁权力的象征。

纳粹主义：这是希特勒所建立的德意志民族社会主义工人党（也叫作"纳粹党"）的政治理念，是1933年至1945年间希特勒独裁政权（第三帝国）的统治思想。纳粹主义认为，雅利安—北欧日耳曼人种要优于其他人种，这种思想最终演变为种族主义和恐怖主义。希特勒野心勃勃，发动世界大战，最后导致了失败的下场。

军国主义：这种思想认为，强大的军事力量可以保卫国家，是让国家更加富强的最佳方法。因此，战争以及为战争做准备的各种政策和制度在国民生活中占据了首要的位置。历史上信仰军国主义的典型有古代的城邦国家斯巴达，以及发动第二次世界大战的日本等。军国主义最终会演变成军事独裁政治体制，这种恶劣的政治体制会让人民陷入不幸的深渊。

▲ 军国主义的行为警示人们，盲目而狭隘的民族主义有多么危险。

第6章 立法之路漫长而艰险

如果有一天可以从法律的束缚中解脱出来，你最想做什么呢？

有什么事是因为害怕引起别人的注意而一直不敢做的呢？

去餐厅吃霸王餐？

随意闯红灯？

好好收拾一顿总欺负自己的高年级同学？

哈哈哈，就算是违法，也还停留在孩子的想法里。

好吧，好吧，就这样吧。

114　卢梭的社会契约论

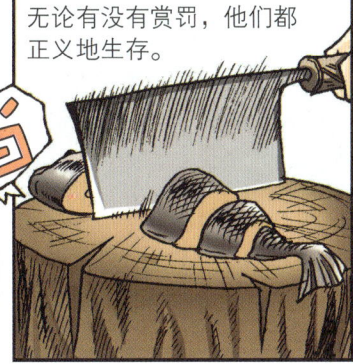

法律是怎样出现在这个世界上的呢？让我们跟随卢梭去看一看吧。

如果我们生活在一个由神明直接统治的世界里，

神明所赐予的爱与正义能普照这个世界，

当然就不再需要政府，也不需要法律。

但是，神明恐怕没有那么万能。

忙死了！好忙！

当然，即使没有法律，有些人也能善良地生活，

无论有没有赏罚，他们都正义地生存。

但是，如果其他人做出了不正义的行为，

善良的人们就只能无奈地承受伤害。

因此，要想构建一个正义的世界，就必须有一种约定或者法律，

将权利与义务有力地捆绑在一起。

第6章　立法之路漫长而艰险　115

其实法律也并没有什么深奥之处，它就是将我们的共同意志用文字表达出来，也可以说是将主权用文字写下来。

- 不得贪图别人的财产或食物。
- 不得杀人。
- 任何人，任何时候都可以自由狩猎。

无论是国王、总统，还是总理，他们的权力都应该在法律之下。

法律是依照全体人民的利益建立的。

而应用法律的对象，也是全体人民。

在这里要说一点儿题外话。以韩国的宪法为例。

韩国的宪法也叫作第一共和国宪法。

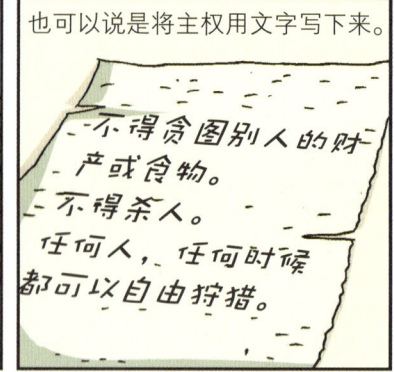

韩国在1948年举行选举，

选举产生了负责制定宪法的制宪国会议员，

制定出了以总统制和一院制为主体的宪法，并公之于众。

116　卢梭的社会契约论

要想让人民的某种意志成为共同意志，就必须通过投票的方式决定，
投票
投票箱
但并不需要获得全体投票人的同意。
同意
反对
按照投票结果确定为人民的共同意志后，这种意志就会变成了法律，
法律
如果是根据部分人意愿做出的决定，只能是一种命令，而不是法律。
命令
法律
在这里要特别注意！法律也是有等级之分的。
大哥！
嗯，你好！
卢梭认为，命令不能影响法律。
命令 < 法律
命令和规定都应该在法律之下。
法律
一般法律则应该在宪法之下。总之，宪法是一个国家的根本大法。
宪法
所以，一个国家的法律中不能存在有悖宪法的内容。
啊！好刺眼！
如果有模糊的内容，则要由宪法法院裁决其是否违反宪法。
违反宪法！
咚
咚
韩国的宪法法院成立于1988年，位于首尔市钟路区斋洞。

那么现在我要给大家出一道选择题，一共有四个选项。

总统独断专行下达的命令是什么呢？

全体人民都要参与这个活动。

1 命令
2 法律
3 米饭
4 什么都不是

是不是太简单了？

当当当——答案就是1。

它不是法律，当然也不是米饭，而只是一项命令。

现在跳舞！执行命令！

一！ 二！

砰

出第二题。增加一点儿难度。只适用于部分人民的命令是什么？

1 命令
2 法律
3 米饭
4 什么都不是

是不是有些混乱了？

这次的答案也是1。

它不是法律，也不是米饭，而只是一项命令。

你们两个人继续跳舞！执行命令！

吭 哧 吭 哧

如果对象不是全体人民，就不是主权者的行为，而只是行政机关的行为。

还有一点要说明，法律的对象是普遍性的，法律只针对共同体和抽象的行为。

当然，法律可以规定身份制度，

身份等级

但是不能指定某个人，让其成为特定阶级。

从现在开始你就是伯爵了！

我吗？

卢梭的社会契约论

第6章　立法之路漫长而艰险

所以,他觉得,个人和民众都需要指导。

> 如果想寻找一般的幸福或者善……

对于个人,要让他们的意志符合理性,

对于民众,则要教会他们认识自己所需要的事物。

> 共同意志就是每个人都具有的……

只有这样,才能使整体发挥出最大的力量。

啪 啪

总之他认为,必须要有一个卓越的、理性的人来指导愚昧的民众,

> 必须要学习,才能真正具备理性。

民众都是很幼稚的,所以就需要独立的立法者。

卢梭坚信,少数头脑聪明的人可以引领全体民众,而他的这种思想很容易被认为是精英主义而遭到批判。

> 无知的民众们,你们选择了我们,就请相信和跟随我们。

精英

但我们不能因此就断定卢梭受到了精英主义的影响。

精英

无论怎样,卢梭的结论是,应该把制定法律的工作交给具备特别资质的人,

而不是交给全体人民。

所以,不是任何人都可以成为立法者的。

120 卢梭的社会契约论

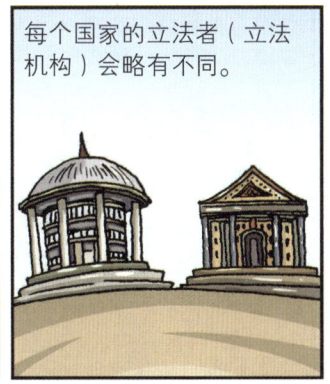

立法者必须要有非凡的才干和优秀的素质！因为他们从事的是非常特殊的工作，这项工作会直接影响到整个国家。

每个国家的立法者（立法机构）会略有不同。

在韩国，国会是立法机构，

国会议员们制定法律。

当然，立法者并不是普通人。

立法者

那么，卢梭心目中理想的立法者应该是什么样的人呢？

如果用一句话概括，就是最有可能与共同意志保持一致的人。

按照卢梭列举的条件，

既了解人类的本性，又对人类充满热情，

拥有一颗为社会服务的火热的心，着眼于人民的幸福而非个人的幸福，

并且拥有能够展望未来的智慧头脑，只有这样的人才值得托付。

只有将共同意志直接应用于现实中的法律，才是为全体人民制定的法律。

每个人都会在社会中获得重生，得到共同的力量，

变成一种精神存在。

如果立法成功，那么国家整体的力量就会等同甚至超越全体人民的天然力量之和。

这时候，立法就到达了一个最高点。

虽然立法工作非常必要，但是要想顺利进行，却是非常困难的。

无论是多么严格挑选出来的立法者，

谢谢！
谢谢！

人性终究奸诈，如果有一点儿疏于监视，

嘿嘿嘿

他就会试图去改变法律，使其对自己更加有利！所以，卢梭提出了一个方法。

我要制定一项法律，可以提高我们的工资。

那就是编订法律的人并不具有立法权。

只有这样，他才不会考虑个人的利益，从而制定出公正的法律。

如果立法者想要满足自己的私利和私欲，就意味着他根本不具备作为立法者的资格！

在古希腊的城邦国家中，创建斯巴达的是莱库格斯，

他留下了很多赫赫有名的法典。

他甚至放弃了王位，去制定法律，给世人留下了深刻的印象。

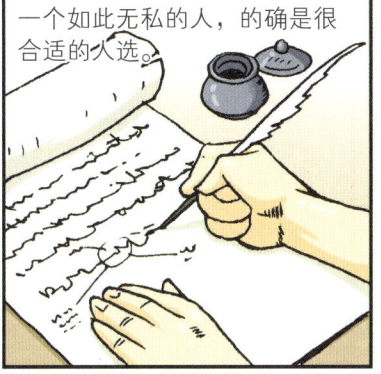

一个如此无私的人，的确是很合适的人选。

他没有随意修改自己制定的法律，

他发誓会遵守法律。

实际上，斯巴达使用莱库格斯的法律长达500年之久。

另外，除了斯巴达，古希腊的大部分城邦

也都委托外国人来制定法律。除此以外，近代意大利共和国，以及日内瓦共和国也都选择了相同的方法。

这都是为了防备立法者的私欲。

立法者还要特别注意一点，民众大多是比较幼稚的，只接受眼前的利益，
只要选我，我会让你挣到很多钱的……
真的吗？
在制定法律的时候，也必须考虑到这一点。
我想要辆汽车。
没问题。
按照卢梭的观点，初创时期的统治者们，
必须要依赖外部的权威，来让人民温顺地遵守法律。
那就是宗教的力量！统治者们会借助神明的力量来引领人民。
宗教
人民臣服于神明的权威，
从而温顺地服从国家的命令。
忠诚
但是，这种方法实施起来并不是那么顺利。
我，就是不工作！
就算自称是神明的代言人，
神指示我们，要提高税赋……
但如果人们不信任他的话，
又说谎。
这次我们才不会上当呢！
那又有什么用呢？
啊！没人听我的了！

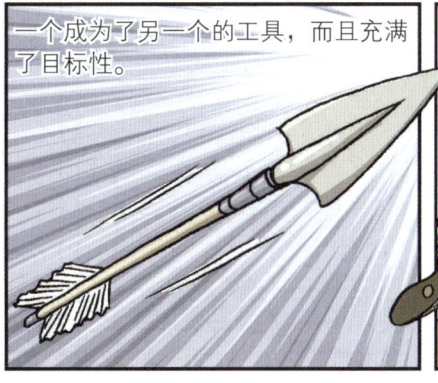

| 历史上虽然为数不多， | 但也确实存在通过宗教的力量，成功达到政治目的的情况。 | 卢梭就列举了犹太法典和伊斯兰法典作为成功案例。 |

| 如果没有法典制定者们的智慧和伟大作为支撑，这也是不可能的。 | 尽管如此，也不能认为政治和宗教有着相同的目的。 |

| 而只是在国家产生的时候， | 一个成为了另一个的工具，而且充满了目标性。 | 那么，法律的目的到底是什么呢？ |

卢梭认为，法律的目的就是实现成员的幸福。

| 那怎样才能幸福呢？ 只要有吃的……就幸福了。 | 捡到钱包的时候幸福吗？ 有钱是最好的。 |

第6章　立法之路漫长而艰险

相貌英俊、身材好，每次照镜子的时候就幸福吗？

考试中取得好成绩的时候幸福吗？

终于不是倒数第一了！

但是，每一件事都不是轻易得到的。

妈妈！我终于不是最后一名了。这次可以给我买游戏机了吧？

看来卢梭所说的幸福，

应该是有着另外的含义。

吵吵 嚷嚷 你争 我辩

卢梭认为，个人的幸福与不幸，都取决于自由和平等。

幸福 不幸

关于自由，前面已经说过很多，在这里就不细说了。

自由

现在重点来谈谈平等。

平等

卢梭所说的平等，

所谓平等，

并不是指所有人都拥有绝对相同的权利和财产。

你一个，我一个。

每个人所拥有的权利和财产是存在差别的，卢梭认可这一点。

你一个我两个，这才公平。

126　卢梭的社会契约论

但是卢梭认为，这种差别必须要恰当。

因为我是贵族，所以能有这么多的财产。

权利不能过分强大，否则会变成暴力，

行为必须要符合地位和法律的规定。

要是照我的想法，肯定要采取武力，可是有法律……依据为贵族制定的贵族法第23条第3款……

财产也是一样。

无论多么富有，也不能购买他人，

真想花钱把他买来当奴隶……

太可惜了。

另一方面，再贫穷也不能出售自己。

啊！肚子好饿呀。要是有人买我就好了……

因此，如果共同体成员都想变得幸福，

真幸福啊。

那么，无论是强者还是弱者，都应该具备"节制"这种美德。

节制

强者要对财富和名誉有所节制，

虽然很想让财产更多一些，但要采用不正当的方法，还是算了吧。

弱者则必须要节制欲望。

忍耐……

就算肚子再饿，也不能去图谋别人的东西。

对这样的两个群体，如果全都放任不理，将是非常危险的。国家要稳定，

我们只拿走一箱金子。

哼！

就要尽量缩小贫富差距，让社会中既没有富翁，也没有乞丐。

有了这个，你就能活下去了吧？

咚

第6章 立法之路漫长而艰险

怎么样？卢梭所说的这种平等有些不太现实吧，
万岁！我现在也是有钱人了！
那么能通过立法来达到这种平等吗？
现在在韩国就存在严重的两极分化，急需寻找对策。
中产阶级面临崩溃，
破产
如果贫富差距持续恶化，将会导致共同体的消亡。
咔啦啦
到目前为止，我们已经深入了解了立法的各个层面，
立法
哦，对了！还漏掉了一点。
那就是，在立法时如果不考虑每个国家的特殊性，也就无法制定出优秀的法律。
如果制定的法律不符合地区条件以及居民的性格，则不会有任何意义！
例如，在一个国家中，内陆和海岸地区就需要不同的法律。
我是农民，却让我用鱼来交税款。
我是渔夫，却让我交米，怎么办……

如果是临海的国家，制定法律的时候，就要侧重于开发航海技术，促进贸易发展。
除此以外，还要把握好方向，尽量发挥出每个国家人民固有的特质，
这些都是立法者的职责。
你，这边！
你，那边！
这样的事例不胜枚举。
事例
事例
事例
事例
事例
事例
事例
事例
比如古代的希伯来人和近代的阿拉伯人以宗教为主要目标，
噢，神啊。
雅典人以文艺，
噢！美丽的日子啊！
迦太基人以商业，
罗德岛人以航海术，斯巴达人以战争，
而罗马人则以美德作为目标。
以德治国……

如果立法者没有很好地了解国家和人民，
对于我们的人民来说，这样的法律就是小菜一碟……
错误地确定了目标，又会怎么样呢？
立法
是不是会让法律失去效力，国家最终灭亡呢？
卢梭将法律大致分成三种。
第一种是规定了国家和人民的关系，这种法律叫作政治法，我们也称之为根本法。
第二种是成员之间，也就是人民之间的关系。
我们把它称为民法。
最后一种，是人民与法律之间的关系，也就是刑法。
站住，你这个小偷！
吭
哧
刑法规定的是，当出现违法行为的时候应该怎样去处罚。
你被判入狱！
在这本书中卢梭主要论述的是政治法。
所以书的题目又叫作《政治权利的原理》。
政治权利的原理
不过，除了这三种法律，还有几点很重要，那就是道德、习俗与舆论。
法
习俗
舆论
道德
其中最重要的就是道德。
道德
可以肯定地说，所有的权力或法律是否能够成功地执行，都取决于这几点。

法律的种类

法律可以规范我们的社会生活，大致可以分为公法、私法，以及社会法。公法规范的是个人与国家，以及国家机关之间的关系。私法规范的是个人与个人之间的生活。社会法是为了保护社会弱者而制定的法律，这是为了缓和社会矛盾而新近出现的一种法律形式。社会法同时兼备公法与私法的特点。让我们通过下面的图示来了解法律的一般种类和体系。

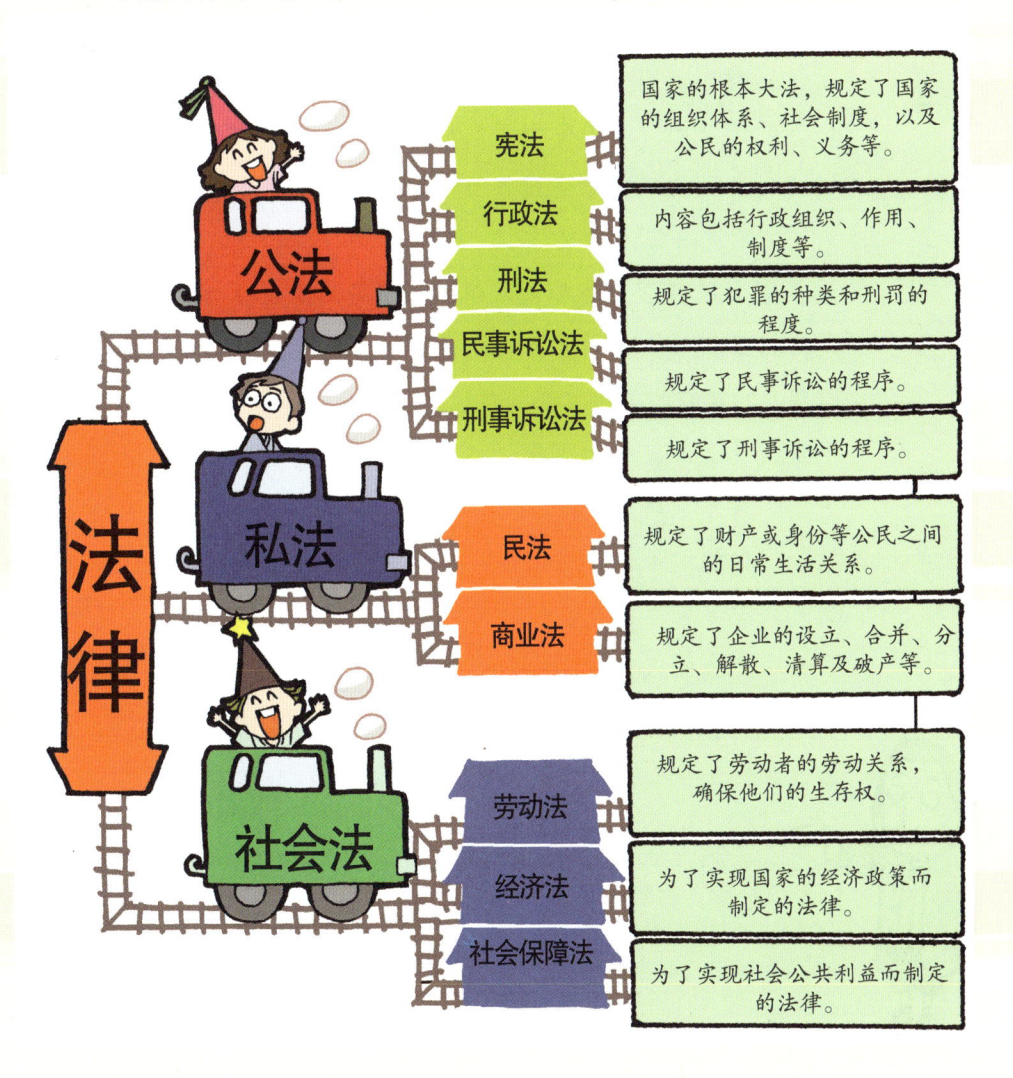

法律

公法
- 宪法：国家的根本大法，规定了国家的组织体系、社会制度，以及公民的权利、义务等。
- 行政法：内容包括行政组织、作用、制度等。
- 刑法：规定了犯罪的种类和刑罚的程度。
- 民事诉讼法：规定了民事诉讼的程序。
- 刑事诉讼法：规定了刑事诉讼的程序。

私法
- 民法：规定了财产或身份等公民之间的日常生活关系。
- 商业法：规定了企业的设立、合并、分立、解散、清算及破产等。

社会法
- 劳动法：规定了劳动者的劳动关系，确保他们的生存权。
- 经济法：为了实现国家的经济政策而制定的法律。
- 社会保障法：为了实现社会公共利益而制定的法律。

法律是怎样制定的

国会掌握立法权

孟德斯鸠提出的三权分立制度，是实现人民主权的有效制度之一，近代以后，许多民主国家都是以此为基础来制定法律的。由人民的代表机构掌握立法权成为了基本的原则，这也意味着可以按照人民的意志来统治国家。

下面以韩国为例加以说明。韩国采用的也是立法权、行政权、司法权三权分立的制度。在立法权下制定的法律是统治国家的基本框架，行政权和司法权都是在这个框架内发挥作用。韩国宪法第42条规定，"立法权属于国会"，明确指出，制定法律的权限是属于国会的。另外，韩国宪法第52条规定，"国会议员和政府可提出法律案"，这就赋予了政府以提交法律案的权力，从制度上保障了政府也可以参与到立法中，但是，法律制定权仍然属于国会。不过，为了实现健康的权力分立，也允许有个别的例外，那就是行政部以及司法部的实施规则制定权，还有地方自治团体的条例制定权等。不过，这些也都不能脱离国会所制定的法律范围。

提交法律案的途径

在韩国，国会议员提交法律案的途径有很多种。第一，国会议员直接起草。第二，由政府以及第三方起草，再由议员以此为基础进行提案。还有政府准备好的提案由议员来提出，相关团体等准备好的法律草案由议员来提出等情况。这时候，必须要有包括提案人在内的10人以上的同意才能提案，如果是需要预算的法律提案，还需要同时提交预算明细。另外，政府提出的法律案要经过国务会议的审议，再以总统的名义提出，国务总理和有关的国务委员也必须要签名同意。

第7章 好国家在于内涵

如果之前我们一直学习的是硬件和软件，那么现在就该来关注一下用户的问题了。

契约也好，主权也好，法律也好，最终的主人都是人民。而人民是共同意志的根源。

卢梭将人民比喻成一个人加以说明。人到了一定阶段会长成大人，

同样，人民也是在成长的。

作为国家的成员，人民会逐渐变得成熟。

卢梭的社会契约论

卢梭认为，只有人民成熟了，才能更好地遵守法律。
因此，从统治者的立场来说，必须要等待这个成熟期，必须要让人民服从法律的约束。但是，人民的成熟到底是什么时候，却是很难预知的。
到这种程度，就能遵守法律了吗？
忠诚
一个人发育成熟，很多特点会表露出来，比如个子高，嗓音粗等，人民则不一样。
啊——啊——忧伤的妈妈……
如果在成熟期到来之前，统治者就急于采取行动，事情会变得一团糟。
想让我守法？简直就是让狗吃草！
休想管我！
人民的成长速度也有所不同。
真矮呀，别人长个儿的时候你干什么去了？
哼！
有的民族从一出生就遵纪守法，
不能随便横穿马路。不能偷东西。不能随地吐痰。
而有的民族即使过了一千年也做不到。
我想干什么就干什么！法律算什么！
那些以所谓成熟状态出生的人民，到底是哪些国家的呢？
是在说我吗？
哈哈哈……开玩笑，开玩笑……
作家
而那些过了一千年也不懂得守法的，又是哪里人呢？
其实我也很想知道。
这一点卢梭没有做更多的解释，只能让大家去想象了。
这个问题大家慢慢思考吧。现在继续，快！快！

对于统治者无法准确掌握人民的成长速度，卢梭列举的是俄国的彼得一世（彼得大帝）。他是罗曼诺夫王朝的第四代沙皇，是俄国绝对主义王权的著名君主。

18世纪初，他派遣使团访问西欧，并且自己乔装打扮，成为使团的一员。

他在西欧旅行，增长了见闻，亲自参与学习了各种技术。

后来因为国内发生叛乱，他的欧洲之行不得不终止。

回国以后，他提出了多项改革政策，希望将俄国西方化。

改革深入到所有的习惯和风俗中，甚至包括俄国人的服装和胡子。

咔嚓

彼得一世聘请了许多科学技术方面的人才，并建立了研究所。

到18世纪中期，统治俄国的叶卡捷琳娜继续将西欧文化引入俄国。

可见，18世纪的俄国君主们都将西欧看作是理想的典范。

西欧

136　卢梭的社会契约论

卢梭认为，虽然彼得一世知道自己的人民处于野蛮的状态，但是却没能判断出他们是否成熟。

所以，在俄国人民还处于需要接受训练的时期而急于西化，只是一种徒劳。

西方化

就因为性急的彼得一世，俄国人错误地认为，

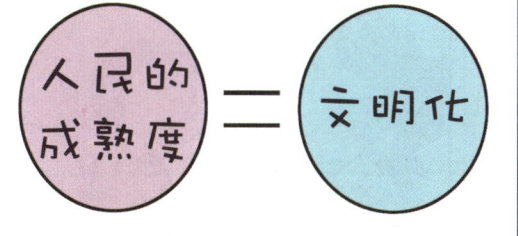

现在我们俄国也可以生活得很好了。

俄国

自己是文明的西欧人。

我们也是文明人。

这反而是一种错误的行为。

如果仔细思考这部分内容，我们会发现，卢梭似乎希望人民的成熟度与文明化的程度成正比。

人民的成熟度 ＝ 文明化

而且，在卢梭的内心深处，对俄国是存有戒心的。

俄国，一旦觉醒就会成为一个很可怕的国家。

第7章　好国家在于内涵　137

卢梭将人民比喻成一个人时，还说明了另一个问题。
人民
人随着年龄的增长，会逐渐有自己的主见，
在面对某个事物或现象的时候，就会有自己独特的见解。
真的好美啊……就好像我们的人生一样！
你们也有自己的主见了吗？
参加过几次考试，就能变得有主见吗？
好吧好吧，
应该不是那样的……
说得不好听些，也可以理解为变得固执。
爸爸，请休息一下吧。
不用！就知道玩，谁来干活？
随着时间的流逝，人民会变得越来越顽固，不愿意接受新事物，
Oh，NO!
新政策
抗拒改革。
斗争
不仅如此，有时候人民也会患上失忆症。
载原，好久不见。你最近好吗？
你是谁呀？
人通常会因为疾病或者事故而失忆，而人民失忆的原因则是革命这种急剧的变化。
快逃呀！
革命动荡中的恐怖记忆，往往会丧失掉。
我为什么要逃跑？

人民所生活的空间，也就是国土，应该多大？是越大越好吗？
国土
可能很多人会认为，国土当然是越辽阔越好，但实际却并不是那样的。
哎哟，这么大一片土地，管理起来一定很麻烦吧。
嗖嗖嗖
土地过大或者过小，都不好。
因为，如果面积太大，则难以管理，
全都巡视一遍，连睡觉的时间都没有了。
而如果面积过小，可能连维持生活都很困难。
真想把腿伸直好好睡一觉……
幅员辽阔的国家，纷争会更多，反而削弱了国家的力量。
为了你们，我们缴纳了大量税款！
中央政府
为了你们，我们每天下地干活！
为什么要每天争吵？你们就不能好好相处吗？
人民之间的纽带关系也容易出现破裂。
哼！走着瞧！
哼！
距离越远，心也会离得越远……
回来呀……
并且，行政管理也会越加困难。
有没有好好工作呢？
反正也没人看得到，干脆先睡一觉吧。
对此，卢梭做了一个这样的比喻，杠杆越长，放在末端的物体就越重。
而且，如果行政程序增加，管理费用也会随之增加。

距离越远，就越容易出现无法快速作出回应的情况。
申请了多长时间了，怎么还没有回复！
就是呀！
就算是边防发生了叛乱，等到政府军进驻，也需要很长的时间。
轰隆
啊！发生暴动了！
在政府军到来之前，叛乱有可能会不断升级。
都已经结束了，还来干什么……
问题还不止于此。
土地辽阔的国家，每个地方都会有不同的风土人情，地方色彩浓郁。
这么热的天，你为什么要穿成那样？
我这里很冷。
人民虽然同属一个国家，但却难以在风土人情上找到共同点。
我们会自己处理的，你走开！
你也是！
而且，国土过于辽阔，也会让地方政府的权力变大。
地方政府
中央政府
地方政府
中央领导者很难亲自到各地去，所以就要将权力交付给地方政府。
这个……
我们根本不需要中央政府！
那么，最终就变成了由地方的最高行政官员来进行统治。
因为我们完全能够自己处理一切问题！
我们自己来做决定就可以了！
另外，地方的管理者可能会利用这一点，逐渐逃避或者摆脱中央政府的监督。
我们什么也没藏！
你身后藏的，
是……是什么？
像这样，国家如果规模过大，可能会无法承受而逐渐衰落。
这个无能的政府，真是太可悲了……

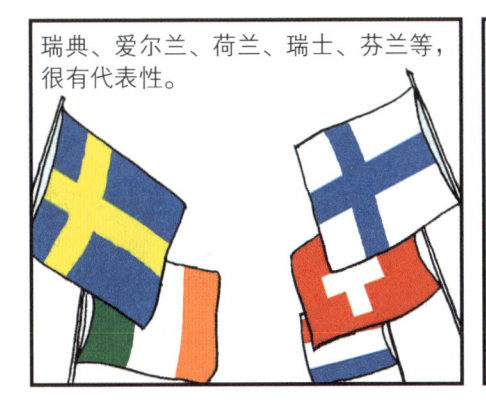

在韩国，就不必面对这些由于国土辽阔而产生的问题。

快点儿交税！

耳朵都要震聋了。你就站在我旁边，干嘛那么大声？

韩国很多地区都实行自治。

釜山 大田

以前，都是由中央来对地方管理层进行任命。

谢谢！

任命书

而现在则实行自治选举。

1号 地方自治选举

如果你们选我……

不对！我才是最合适的人选！

但是，在韩国还没有形成真正意义上的地方自治，

说是地方自治，为什么中央政府还要干涉那么多！

只能是期待未来了。

未来

与幅员辽阔的国家相比，卢梭似乎更憧憬那种小而有内涵的国家。

不要以为我们小就可以随便欺负！

啊！

很多时候，小国领土虽小，但却更加强大。

后退！

我是带着刀来的，为什么会这么狼狈！

实际上，在欧洲就有许多强国，

欧洲

瑞典、爱尔兰、荷兰、瑞士、芬兰等，很有代表性。

虽然这些国家规模比较小，但都富裕而强大。如果只看国土面积，韩国显然是一个很小的国家，但是从人口数量来看，却不能算是小国。

韩国

第7章 好国家在于内涵

那么，一个国家到底应该多大才合适呢？对国家发展最有利的国土大小又该如何去计算呢？

把这里那里都占上就可以了吧？

有一个方法。建立国家的是人民，而养活这些人的则是土地。

因此，土地上的收获必须能够养活全体人民。

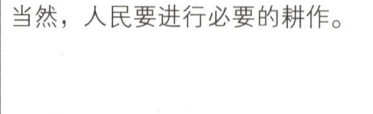

有这么多人，却只有一颗豆子，该怎么办呢……

当然，人民要进行必要的耕作。

像这样，领土的大小和人口必须要保持平衡。

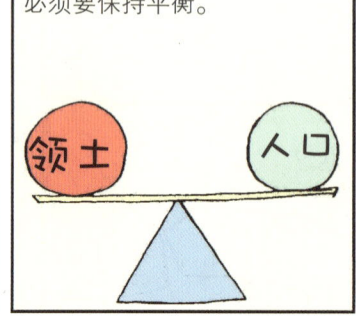

领土　人口

如果领土过大，守卫起来就会很困难，

一个人好寂寞啊……

也会出现生产过剩的情况，

最终如果有外敌侵入来抢夺农产品，就会发动自卫战争。

隆隆

相反，如果领土过小，粮食不够，就只能依靠邻国生存，或者发动战争去抢夺粮食。

快跑啊！

哇啊

如果人民的生存要由邻国的态度和局势变化来决定，那么国家必定会处于动荡不安的状态之中。不征服别人，就会被别人征服。无论哪种情况，都将是一个悲剧。

卢梭的社会契约论

即使人口数量相同，国土的质量不同，形势也有所不同。
例如，假设国土的大部分是山区。
因为起伏的山地不利于农业耕作，所以粮食产量不高。
也有其他的情况。比如位于海岸线上的国家，大部分都是岩石和沙滩，根本无法发展农业，
却可以通过渔业获得足够的食物，这就完全抵消了土地的不足。
另外，海上经常有海盗出没。
这就是海盗！
海盗来了！
如果想抵御海盗，居民们就必须团结在一起。
将船头冲着那个方向！
只有这样，才能集中力量，战胜海盗。
啊！好可怕！
我们还是先撤退吧！
隆
隆
而且，即使海岸地区人口增加，出现过剩状态，
啊，没地方下脚了！
唉，土地越来越少了！
也可以用船将他们运到其他地方。
哇！新的土地！
与山区国家相比，虽然这类国家土地很少，但人民却能过上富足的生活。
真是一片肥沃的土地呀……

卢梭曾想要找出国土面积和人口数量相互匹配的数值，但却没有成功。

太难了。

因为不同的国家在领土的质量、肥沃的程度、物产的情况、气候等方面都存在着很大的差异。

这里冷得结冰，那里却热得冒汗。

另外，人民的素质也各有不同。

不要打架，好好相处吧！

吵死了！快动手！

有的人生活在肥沃的土地上，却生活节俭。

今年又是大丰收啊。

相反，有的人生活在贫瘠的土地上，却太肆挥霍。

哪怕做鬼也不要当饿死鬼……

先吃饱了再说！

另外，还要考虑到国内女性的生育能力。

妈妈！

妈妈！

因此，立法者在确立一个国家的法律体系时，不能只看眼前的情况，

飞得最高的鸟看得最远，因为视野更广。

无论人口增加还是减少，必须要掌握它的变化趋势。

一！ 二！ 三！ 四！

爸爸！我饿了……

立法者制定法律的时候必须特别用心。

连休息的时间都没有。

头疼死了……真想放弃！

因为人民需要富裕与和平。

富裕和平

144　卢梭的社会契约论

大部分立法者都是为了人民的富裕与和平而制定法律。

为了人民，这根本不算什么！

但是，有时候暴君会以立法者自居，

这是我制定的法律，你们都很满意吧？

是……

来制定法律。

我真是太爱我的人民了！

而这种不幸的事态，大多会导致国家的混乱。

打倒独裁政权！

赶走他！

特别是在国家刚刚起步的时期，政治体制还处于不稳定的状态，所以很容易造成国家的灭亡。

如果在这种混乱期发生战争或者暴动，

是时候了，让你看看我们平民的力量！

啊！

国家政权就会被颠覆。

投降！

在这时建立政府的人，往往是组织叛乱，或利用叛乱夺取政权的人。

打吧！我就可以坐收渔利了。

他们还会制定出只对自己有利的恶法。

你们最好都听我的话！现在赶快回家去！

因此，只要看看制定法律的时期，

又一个黑暗的时代来临了。

就可以判断出立法者是否是暴君了。

嘿嘿嘿

第7章　好国家在于内涵

145

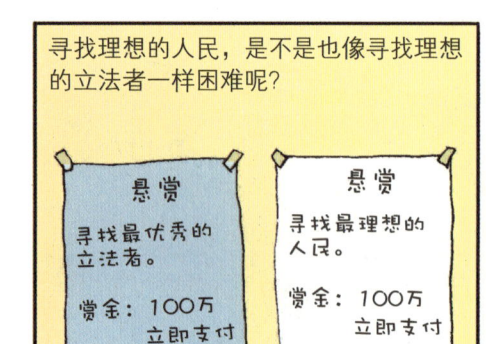

那么，立法者应该以哪些人民作为对象来制定法律呢？

为哪些人民制定法律，立法者能感受到最大的价值呢？

> 看到那些人民能遵守我所制定的法律，我感到非常欣慰……

也就是说，站在立法者的角度，最理想的人民是谁呢？

寻找理想的人民，是不是也像寻找理想的立法者一样困难呢？

悬赏 寻找最优秀的立法者。 赏金：100万 立即支付

悬赏 寻找最理想的人民。 赏金：100万 立即支付

我们不妨一起来看看《社会契约论》中是怎么说的。

《社会契约论》 卢梭

还不曾被法律束缚过的人民；还没有深陷传统或迷信的人民；

> 我什么都不关心，只要有东西吃就行了。

不介入邻国的争端，但如果需要，可以单独抵抗邻国的侵略或者借助邻国击退另一方侵略者的人民；

有本事你们别走，等着我！

伙计们，快来帮忙！

没有其他民族帮助也可以独立生存，以及不帮助其他民族也能够独立生存的人民；

> 我一个人什么都能干。

既不富裕也不贫穷，自给自足的人民；

虽然很穷，但我的身体健康，我已经很满足了……

还有那些同时兼备古代民族的诚实与新生民族的温顺的人民。

> 这些就是真正理想的人民。

146　卢梭的社会契约论

其实,哪怕只是满足这些条件中的一条,也是很困难的。

所以,体制良好的国家很少。

但是,有个国家例外。

那是一个叫作科西嘉的小岛,卢梭认为在那里可以实现最理想的立法。

科西嘉是法国的26个地区之一,因为是拿破仑的故乡而闻名天下。

卢梭预测,这个小岛国有一天一定会震惊整个欧洲。

当时,科西嘉岛正在展开反热那亚统治的运动。

我们要独立!

赶走他!

科西嘉独立运动的领导者保利在1764年9月,邀请卢梭为科西嘉制定宪法。

卢梭先生,希望您能为我们科西嘉制定宪法。

卢梭制定出了有利于改革计划的宪法草案(1765年),

科西嘉制宪拟议

成为了一个立法者。但是,这个国家却最终没能建立。

啊!

卢梭甚至一度想移居到科西嘉。

第7章　好国家在于内涵　147

罗曼诺夫王朝和君主专制

从莫斯科大公国到文明国家

俄罗斯起源于12世纪受蒙古帝国统治的莫斯科公国。一直到1917年革命之前，俄罗斯都统治着东欧以及远东的广阔土地。但在受蒙古帝国统治的240多年中，与东欧文化严重脱节，没能成为一个文明国家。伊凡三世掌握政权以后，摆脱了蒙古帝国的干涉，开始走上一条强国之路。

伊凡三世统治俄罗斯期间，采取了强势的君主专制制度。他重新制定了法律和行政组织，建造了克林姆林宫，为日后的发展奠定了坚实的基础。伊凡三世之后，伊凡四世继承了王位，开始正式使用沙皇（俄语，即皇帝）这一称号，同时也强化了君主专制制度。但是在他死后，因为对王位的争夺以及农民叛乱，莫斯科公国陷入危机，1610年因波兰的侵略而没落下去。

最著名的俄国沙皇

罗曼诺夫王朝就是在这样一个混乱时期建立的，最初得到的是国民军和议会的支持。但是，随着王朝的逐步稳定，又重新恢复成了君主专制，最有代表性的专制君主当属彼得一世。

▲ 彼得一世是俄国罗曼诺夫王朝专制君主的象征。

彼得一世在强大的王权基础上稳定了国内政局，开始实行大规模的领土扩张政策。他在北方大战中获得成功，打败了瑞典，又从水路进西欧。后来，他不断地扩张领土。但是在他死后，围绕王位进行的争夺让国家再次陷入极度的混乱之中。贵族们借机开始扩大农奴制，加大了对农民的压榨，导致各地都发生了农民叛乱。后来，叶卡捷琳娜等罗曼诺夫王朝的皇帝们一直都在加强保守的专制统治，极力镇压人民的抵抗。

▲ 俄国罗曼诺夫王朝最后的皇帝尼古拉二世和他的家族。

镇压与抵抗

进入19世纪后，随着法国大革命的影响，以及与拿破仑展开的战争，自由主义思想开始进入俄罗斯，并且出现了倡导君主立宪制或共和制、农奴解放等社会改革的势力。特别是在尼古拉一世统治期间，一些知识分子站出来批判俄罗斯的君主专制和农奴制。俄罗斯的专制君主们命令秘密警察对这些人进行监视和控制，并通过暗杀等暴力手段进行镇压。但是，抵抗势力越来越强，最终，尼古拉二世于1905年颁布了"10月17日宣言"，承认了人民的基本权利以及君主立宪制。但是后来因为参加第一次世界大战，导致俄罗斯经济衰退，最终尼古拉二世被赶下了台。在1917年发动的布尔什维克革命中，尼古拉二世全家被判处死刑。罗曼诺夫王朝也就此从历史上消失了。

第8章 贵族政治的再现

什么是政府？

现在该来了解一下实际行使行政权力的政府了。

我们的行为是由两种原因促成的：一种是决定行为的意志，

另一种是将行动付诸实践的力量。

嗨！

嗨！

体能是一切力量的根源。

如果你们想早早起床，首先，要有想要那样做的意志。

减重4公斤

从明天开始，我一定要早起锻炼……

其次，还必须把这种意志付诸行动。

啊，好困……

只有当意志与行动这两者结合在一起时，才能获得所需结果。

哇，减肥4公斤的目标达到了！

卢梭的社会契约论

政治也是一样，需要意志和行动（力量）这两种原动力。
行动
意志
政治中的意志来自于立法权，行动（力量）则来自于行政权。
立法权
行政权
这两者是不可分割的。
行政权
我不跟你玩了。
哼！我也是。
立法权
如果要按照共同意志所指示的方向去发挥这种力量，就需要一个代理人，也就是政府。
我来吧！
代理人
政府是实际负责国家行政的组织。
政府发挥着主权者执行人的作用，
政府
政府的位置介于主权者和国家的中间，负责将主权者的命令传达给人民，
请为了国家努力工作！
政府
另一方面，它还担负着执行法律，保护公民自由的责任。
谢谢。
政府
就好像作为个人，要把肉体与精神结合起来一样。
左脚向前迈一步……
小心！
请给我买好吃的点心。
在韩国，人们会将总统、官员、公务员叫作“跑腿儿的”，
而他们自己也会将自己看作是为人民跑腿儿的人。
谁让我就是干这个的呢。
谢谢。
现在去把游乐场打扫一下吧。

所谓好政府，就是能够很好地行使代理人职责的政府。
从政府受人民雇佣的角度来说，如果政府不能为了人民努力工作，那么就应该被解雇。
你被解雇了！
砰！
啊！
定期举行选举，就是出于这样的原因。
这种选举就是对作为人民的代理人是否称职做出评价，并决定是否继续雇佣。
谢谢各位！
谢谢大家选我……
但是也有很多人，虽然其职责是为人民服务，但却把自己当成了主人。
哼！
才当选就翻脸不认人了。
也有人因为工作做得好，被人民赋予的权限增加，所以就会错误地把自己当成了主人。
这些都是属于我的。
而一旦尝到权力的滋味，
权力池
啊！好舒服……
便很难再摆脱那种诱惑。
但无论怎样，当权的人是不能凌驾于人民之上的。
哈哈！世界真美好。
因为，法律比政府重要，
法律
而人民比法律重要。

第8章　贵族政治的再现

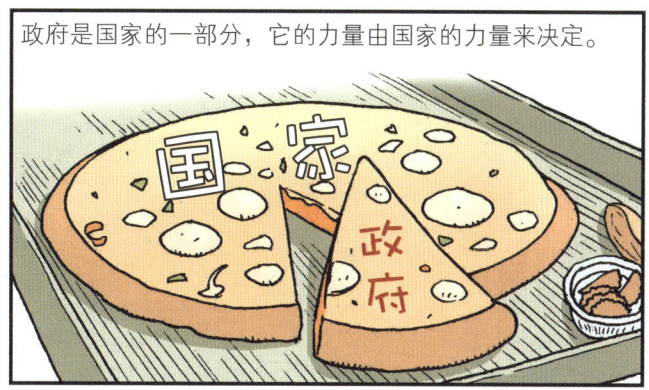

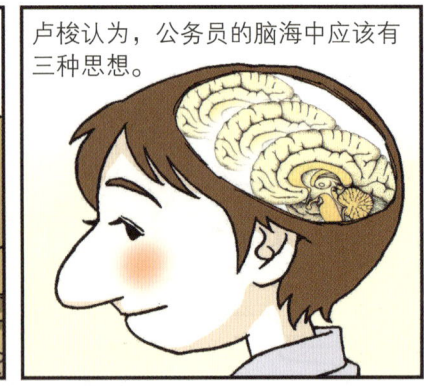

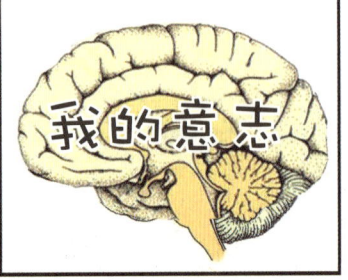

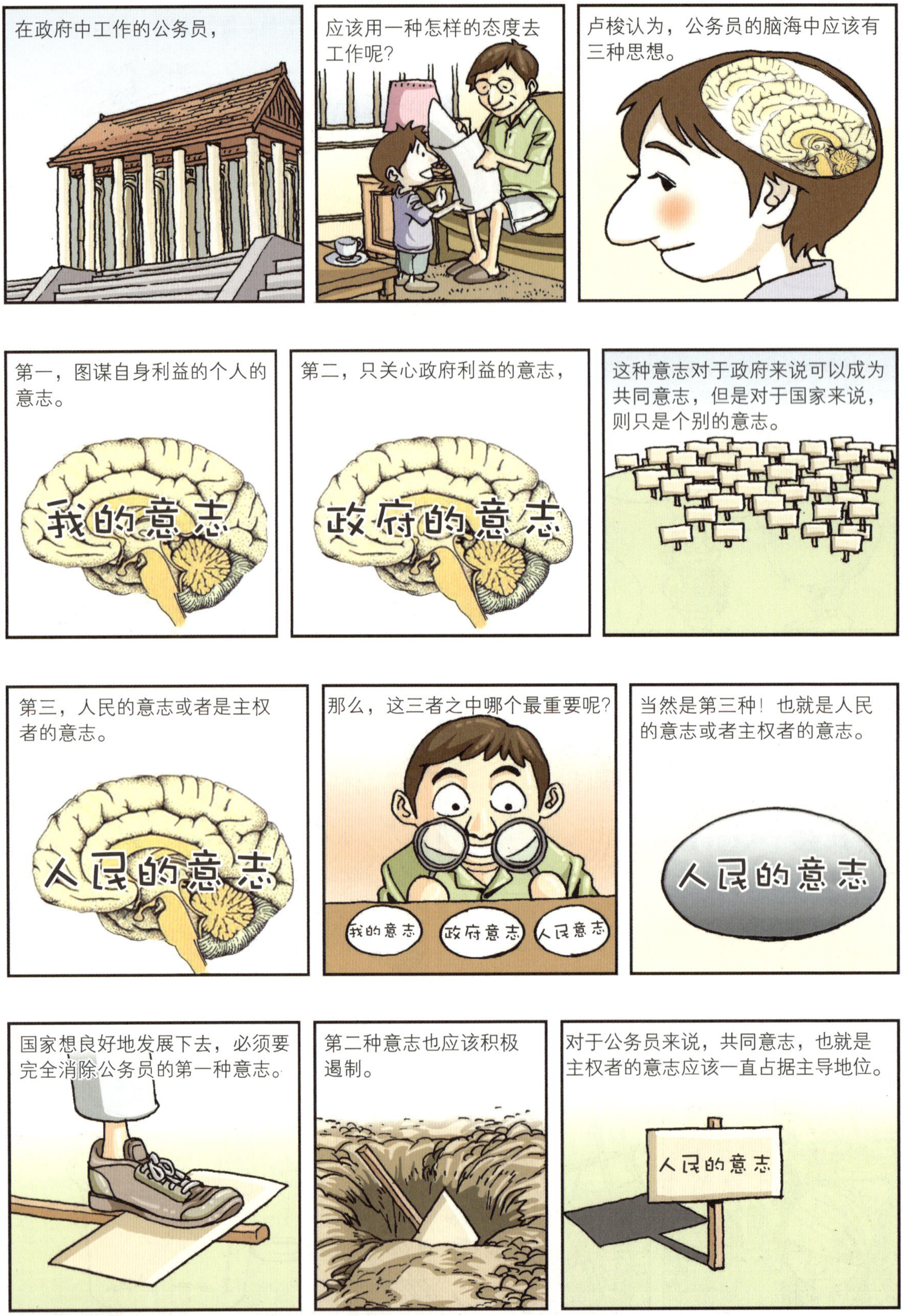

在政府中工作的公务员，	应该用一种怎样的态度去工作呢？	卢梭认为，公务员的脑海中应该有三种思想。
第一，图谋自身利益的个人的意志。	第二，只关心政府利益的意志，	这种意志对于政府来说可以成为共同意志，但是对于国家来说，则只是个别的意志。
第三，人民的意志或者是主权者的意志。	那么，这三者之中哪个最重要呢？	当然是第三种！也就是人民的意志或者主权者的意志。
国家想良好地发展下去，必须要完全消除公务员的第一种意志。	第二种意志也应该积极遏制。	对于公务员来说，共同意志，也就是主权者的意志应该一直占据主导地位。

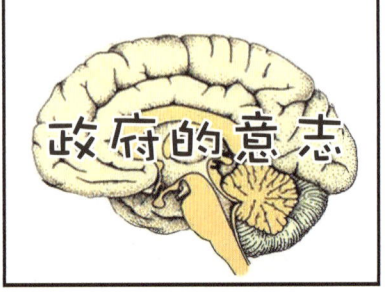

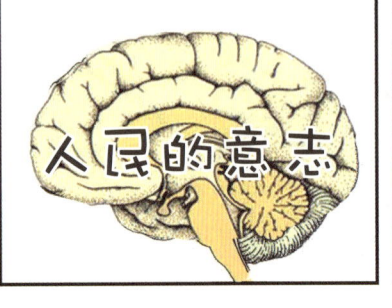

卢梭的社会契约论

那么，哪种形式的政府比较好呢？

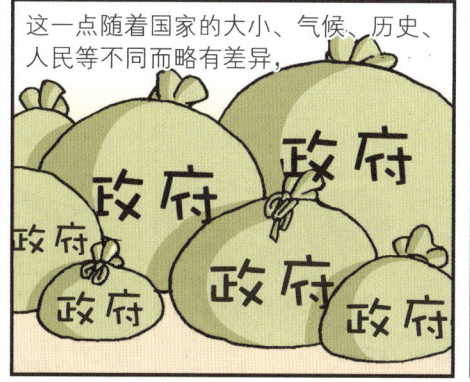

这一点随着国家的大小、气候、历史、人民等不同而略有差异，

但是大致可以分为两种。

现在世界上各国的政府形式都很类似，大部分都是民主制。

当然，个别的国家还保留着独裁政府。

但是在卢梭生活的那个时代，

是君主制和贵族制分庭抗礼的时期。

在这里卢梭提出了民主制，将政府的形式分成了三类。

卢梭所说的民主制，是指人民通过直接参与来行使主权的体制。

我也一起去！

啊！

贵族制是少数人领导全体人民。

这个国家的主人就是我们贵族。

斯巴达就是由两个国王来统治的。

君主制是由一个君主来支配政府，这在当时是最常见的，也可以叫作皇家政府。当然，也存在混合的形式。

据说在古罗马，就曾经同时存在8个皇帝一起统治国家的情况。

第8章　贵族政治的再现

首先，让我们来学习民主制。要知道，卢梭所说的民主制是“直接民主制”。
现在是自由时间，我们做什么好呢？大家都说说自己的想法。
卢梭认为，所有人都积极表达出自己的想法，并参与到政治中，这就是民主制。
去外面踢足球！
我想玩过家家。
还是一起去吃东西吧。
就像古罗马时代那样，所有人都聚集在广场上，一起讨论各种问题。
在这种体制下，所有的公民都是行政官，每个人都参与到政治活动中，
议会
哇
哇啊
哇
所以国家很容易产生内乱或骚乱。
而且，如果每个人都提高音量，必定会纷争不断。
那个游戏我玩得更好！
胡说！我更好！
制定法律的
与执行法律的是相同的人，乍一看似乎很好，
现在该去执行了……
但是如同卢梭所说的那样，立法者不应该参与到执法的行为中。
如果因为个人的利益而对公共事务造成影响，这将是非常危险的。
我要修改法律，让它对我们立法者更加有利。
而且，为公共事务将人民集中起来也并不是一件容易的事。
这么忙，为什么总要集会？
又有什么事啊？

卢梭认为，民主制过于理想化了，并不适于现实状况。

就如同想要抓住飘浮的云朵一样。

但是，如果国家特别小，人民很容易集中，相互之间也很了解的话，直接民主制也还是可能的。

嗨！小狗子他爸，你要去哪儿呀？

理查德，看样子你是要出门干活呀，我去赶集。

民风淳朴，公共事务也很单纯，

人民的地位和财产必须要平等！

人民不能沾染上奢侈的恶习，

看一眼咸鱼，吃一口饭……

因为奢侈会使人民变成物质的奴隶。

要视金钱如粪土，看到金子就像看到石头一样！

其实，从严格意义上来说，一直到目前为止，都不曾存在过真正的民主制。

没有哪个国家实现了直接民主制。

大部分国家都是选择了既具有民主制的内涵，

实现民主制！

民主制！

又具有一定效率的"间接民主制"。

间接民主制

今天我们所说的民主制，反而更类似于卢梭所说的贵族制。

我们俩长得很像……

第8章　贵族政治的再现　157

那么，贵族制又是什么样的呢？就是贵族们嚣张跋扈的政治吗？ "一个平民懂什么政治！" 砰 啊！	一说到贵族这个词，可能很多人就会产生抗拒的心理，对不对？ "我想生活在没有贵族的世界。"	很容易会让人联想到身份等级制度和阶级制度。但是，如果从意思上看， "身份等级制度＝阶级制度"
贵族制就是由少数人负责统治的体制。这是一种拥有悠久历史的政治体制。	早期的人类就是通过这种政治形式进行统治的。	家族首领们聚集在一起，讨论一些公共事务。 "同意！" "反对！" "同意！"
年轻人可以继承父辈的权位。 "我们去打猎了。"	那时候，社会是由祭司、族长、元老，以及长老们来统治的。	大部分原住民社会都延续了这种体制。
但是，随着历史的推移，贵族制也在发生着变化。	人们越来越重视财产或权利。 "你这么个小孩子就是我的主人？"	另外，不断的世袭，形成了一些拥有特权的家族。 "杰斐逊！杰斐逊！" "哼！都给我安静点儿！" "我们华盛顿家是最大的名门望族。" "胡说！我们亚当斯家要更高一等。"

158　卢梭的社会契约论

贵族制包括三种类型。第一种是年轻人服从于长辈的自然贵族政治，到现在，非洲的原住民依然这样生活着。第二种是依靠选举的贵族制，这也是一种最理想的形式。

乌当以14根骨头当选！

如果换一个词来表达与我们现在所熟知的间接民主制类似的含义，就是"共和制"。

共和制

第三种是财富与权力由家族代代相传的贵族制，这是所有政府形式中最糟糕的。

从现在开始，国王就是我的儿子劳普三世！

胜利！

基于选举的贵族制为什么是最好的呢？

贵族制

因为通过选举的方式，可以选拔出最正直、最聪明、经验最丰富的人。

因为行政官只有很少的几个人，

三！二！一！

所以比较方便召开会议，对事件进行讨论和处理的时候，也更有秩序、更迅速。

能让最贤明的人为公共利益而工作，

这才是最好、最自然的方式。

第8章　贵族政治的再现　159

如果想实现基于选举的贵族制，必须满足一定的条件。不能盲目地增设一些没有实际意义的行政机关，
啊，一栋接一栋的行政机关。
行政机关
市政厅
或者增加公务员的数量。
公务员
公务员
你也当公务员吧。
另外，国家最好不要太小。
只有我一个人住，真是太无聊了。
当然国家也不能太大，要防止出现那种各地的首领在自己的地盘上成为老大，然后搞分裂或独立的情况。
我们也要独立！
我们也要！
现在我们是一个独立的国家了！
我们要独立！
只有这样，贵族制才能生根发芽。
在这里有一点很有趣，那就是贵族制允许一定程度上的财富与权利的不平等。
给点儿钱吧！
对于不平等，他们干脆采取了“应该如此”的态度。
尽管这样，如果想保证国家的和平，富人也必须懂得节制，
虽然很累……
因为要节约能源，偶尔也可以步行一下。
不能让穷人过分地不满。
每天辛苦工作，可为什么还是这么穷！
因为无论怎样，是不可能有完全的平等的。
如果有，那么那里就是真正的天堂了。
欢迎进入
天堂

负责统治的少数贵族大多都是经济上十分富足的人。

已经堆到天花板了。

即使没有赖以生存的职业，他们也能生活无忧。

老板，好球！

从墙壁到屋顶！

但是，并不是因为他们富有，所以让他们去统治。

卢梭认为，偶尔也应该选拔一些穷人，给他们职位，

你也去试试搞政治吧！

职位

以此告诉人民，人的优点是比财产更重要的选拔条件。

万岁

那么君主制又是怎么样的呢？

君主制是卢梭生活的那个时代里最常见的政治体制。

法国是卢梭几乎生活了一辈子的国家，

那是当时欧洲最强大的君主国家。

我们法国就是全世界的中心！

路易十四（1638—1715）自诩为"太阳王"的故事非常有名。

永远的法国……

代表着法国波旁王朝全盛时期的路易十四，非常喜欢芭蕾舞，甚至还曾经登台表演过芭蕾舞剧。

第8章 贵族政治的再现

他曾在《夜芭蕾》中扮演太阳神阿波罗，身穿像太阳一样华丽的服装出场，从那以后，他就开始自称"太阳王"。

他虽然身居高位，但却很讨厌洗澡，身上总是散发着恶臭。

啊！这种味道真是令人作呕。

哇

绝对君主的恶臭……据说他一年只洗一次澡。

啊？为什么我一进来，水就变成黑色的了……

在君主制中，君主是唯一能够依据法律随意行使行政权的人。

我是这个国家的国王，我说的话就是法律！

所有的国王都希望成为绝对君主。

听说那个国家的国王是绝对君主……真让人羡慕呀。

那么，获得绝对政权的最好方法是什么呢？

嗯……有没有什么好方法呢？

其实非常简单！只要成为受人民爱戴的国王就可以了。

但是，从人民的爱戴中获得的权力却是不稳定和有条件的权力。

我们爱你！

如果人民的爱发生变化，我的力量不也就会减弱吗……

君主们显然不会满足于此。

发呆

发呆

没有别的好办法吗？唉，不安得连觉都睡不着！

162　卢梭的社会契约论

君主们不愿意让人民的力量变强大。

在这里卢梭提到了马基雅维利和他的著作《君主论》。

你好！

君主论

马基雅维利表面上似乎是在告诉君主们统治的技巧，

要想成为强大的君主，只要认真听我的话，并照着去做就可以了。

是吗……

实际上却是在给人民启迪。

启迪

其实，一个君主无论多么聪明睿智，都很难一个人统治一个大国。

$2×1=2$，
$2×2=3$，
$2×3=7$，
嘿嘿嘿！

我真是太聪明了。

国王通常都要通过自己的代理人来进行统治。

代理人叔叔，给我买糖吃呀……

在君主政治中，大多都是一些狡猾或者奸诈的人占据着这样的位置。

$2×1=2$
$2×2=3$
$2×3=7$

真是个傻瓜。

在君主制下的行政官中，很少真正有才能的人。

$2×2$应该等于5……嘿嘿，真是个傻瓜。

他们就是靠一些微不足道的小把戏迷惑国王，才得以在宫廷出入。

我要利用那个傻瓜让自己变得富有。

相反，在共和制中，则是由一些有才能的人（选举产生）来负责制定各种重要的政策。

$2×1=2$
$2×2=4$
$2×3=6$

要做的事情真是太多了。

而这也正是共和制优于君主制的原因。

共和制

眼红吗？嘿嘿嘿。

君主制

第8章 贵族政治的再现

君主制最突出的问题，
君主制
就是没有继承者。
你在干什么？
该跑步了！
一旦国王死了，就会出现一个空白期。
扑通
所以就要有王位继承权，并且要确定好继承的顺序。
大哥后面就是我了。
1号！
即使不是最合适的人选，也可以让他先担起国王的职责，
我终于当上国王了！
因为这要比通过选举选出国王方便得多。
连玩儿的时间都没有，还搞什么选举呀。
就是呀。
随便找个人当就行了。
另外还有一个问题，就是很难保证国家有固定目标，以及连贯性的政策。
政策
因为继任者通常会重新实行与之前相反的政策，而不会去延续前任的政策。
砰
老政策
新政策
因此，每当统治者发生更替时，都会改变统治方法，改变计划。
过去的都扔掉，我要寻找新的统治方法。
如果真有一位仅次于神明的贤德的国王，那时的王权
就是最强大的政府，所以也会成为最好的政府。

在当时，包括卢梭在内的许多日内瓦人对于日内瓦的共和制，都深感自豪。

他们认为"在日内瓦，所有人都是兄弟"，"日内瓦是最接近天国的国家"。

日内瓦共和国

但是卢梭并不主张，任何国家都采取共和制。

共和制 共和制 共和制 共和制 共和制

他认为，政府体制应该随着国家的情况而有所不同。

嘤嘤

他对于君主制是持强烈否定态度的。

君主制不是一种为人民的政治。

要想了解君主制的真相，不要看那些贤明的国王，

而是要看那些暴虐或恶名昭著的国王，只要去他们统治的国家看看就可以了。

要说恶名昭著，没人比得上我卡里古拉。

历史上的君主制国家，有的现在依然还保留了国王。

比如大家都知道的英国和日本，都还有世袭君主存在。

不过，他们的王室只是一种象征而已，国家的主权还是在人民手中。

所以，现在的英国和日本也可以大致看作是共和制。

共和制

第8章　贵族政治的再现　　165

太阳王路易十四

君主专制的条件

法国国王路易十四出生于1638年，是路易十三的儿子。在他6岁那年就因为父亲路易十三离世而以小小年纪继承了王位。他的母亲安娜代替他执政，而真正的统治者则是红衣主教马萨林。马萨林对于恢复贵族们的王权发挥了重要作用。路易十四22岁时开始亲政，从此作为绝对君主，开始了他的王权之路。

当时的法国在击毁了西班牙的无敌舰队之后，从殖民地获得了大批财富，成为欧洲最富裕的国家。在如此强大的经济实力之下，路易十四在巴黎郊外建造了一座新的宫殿，这就是以恢宏奢华闻名天下的凡尔赛宫。

▲ 凡尔赛宫的礼拜堂，凡尔赛宫的华丽由此可见一斑。

危机的到来

将绝对权力掌握在手中的路易十四宣称，比利牛斯山脉和阿尔卑斯山脉，以及莱茵河，是上天确定的法国的国境。路易十四在位期间，大约有一半的时间都是在发动扩张领土的战争。但是，随着时间的流逝，频繁的侵略战争削弱了法国的国力，领土最终又缩小到他刚开始统治时的范围。作为战争的代价，此时的法国已经负债累累。

在华丽的凡尔赛宫外面，民众沦为乞丐，很多人被饥饿和传染病夺去了生命。当时法国人的平均寿命在25岁以下，普通民众的生活困苦不堪。

另一方面，路易十四认为，将宗教统一为天主教更加有利于绝对王权，于是在1685年他宣布废除了"南特赦令"。保护基督新教的南特赦令被废除后，法国数十万基督新教教徒为了躲避镇压而逃往荷兰和英国。当时法国的基督新教教徒大部分都是熟练的手工业者，他们的离开也使得法国的手工业陷入了困境。

▲ 法国君主专制的象征路易十四。他崇尚王权至上，曾说过一句著名的话——朕即国家。

成为喜讯的死讯

路易十四临死之前，对自己不断发动战争、破坏经济而倍感后悔。所以他给自己的继承者，也就是路易十五留下遗言，"不要与邻国为敌，要努力维护和平"。1715年路易十四离世的消息成为全体法国人民的喜讯。人民对于国王的不满，是导致日后法国大革命的重要原因之一。

第9章 好政府与人口数量

在第8章中曾经说过，每个国家的政府形式都是不一样的。

民主制　君主制　贵族制

不过，政府之间除了差异，也还有一个共同点。

那就是，政府都是依靠人民缴纳的税款来维持的。

税款

此外，由于担任公职的人只消费、不生产，

"你们为什么不自己制造，而只是消费我们制造出来的东西呢？"

苹果　大米

卢梭的社会契约论

因此，公务员们消费的物品都是通过社会成员的劳动获得的。

但是，为了让人民生活得更好，我们做了许多行政和管理方面的工作呀。

正是成员们的剩余产品，满足了公共所需。

而产品的量，每个国家都各有不同。

因为它会受到气候、土地的肥沃程度、劳动力、经验等各种条件的影响。

你这种身体也能干活吗？

另外还有一点也很重要，即使分配给每个政府相同的剩余产品，

每个政府的消耗量也会存在差异。

还剩这么多？

像这样，税款直接成为人民的负担，是一个很严重的问题。

税款

因此，请缴纳拖欠的税款。

是否正常征税，税款是否正当使用，

轰隆 轰隆

是否有适当的优惠返还给纳税者等，都必须认真监管，

我们行驶在用我们缴的税款修的道路上。

如果将国家比喻为人的身体，那么，税款就如同是维持身体运转的血液；

税款 税款 税款

只有保证良好的血液循环，人才能健康，才能生活得更好。

第9章　好政府与人口数量

卢梭认为，测定税款负担，不能单纯只看数额，
这也能叫税款吗？
而应该考察税款重新回到纳税人手里的过程。
谢谢！
如果能迅速地实现这种循环，那么就可以保证财政充足，人民生活富裕。
而只有这样，税款的多少才不再成为大问题。
但是，就算人民只缴纳很少的税款，
为什么只有这么一点儿！
如果不能按照所缴纳的返还给人民的话，
缴的税这么少，我什么也给不了他们了。
人民最终就会变得越来越穷。
没有米了。
国家就如同出现了漏洞一样，同样也会变穷。
国家和政府的距离越来越远，
啊——你离我太远了！
啊！我亲爱的罗密欧……
税款的循环结构也会变得复杂，
啊！好晕……
人民的纳税负担也会变大。
国家从来没为我们做过任何事情，只知道让我们缴税！
没错！真是没法活了！

在人民和政府的距离很接近的民主制中，税收的负担是最轻的，

用船把税款运来！

而在君主制下，负担则最重。

贵族制则介于两者之间。

所以，卢梭认为，君主制适合富裕的国家。

民主制适合小而贫穷的国家，

我们要民主制！

贵族制则适合大小适中的国家。

我们要贵族制！

哈哈哈，然后呢？

虽然有点牵强，不过暂且可以这样认为。

卢梭还曾经用气候来区分政府形式。

这个在这边，

那个在那边！

君主制适合热带的国家，

这里太热了，所以适合君主制……

暴君制适合寒带的国家，

这里太冷了，就暴君制吧！

啊，好冷！

贵族制则适合温带地区。

这里不冷也不热，最适合贵族制。

为什么是这样呢？看看卢梭的理论吧，原来是与农作物的产量有着密切的关系。

那边太少了，这边又太多了。

第9章　好政府与人口数量　　171

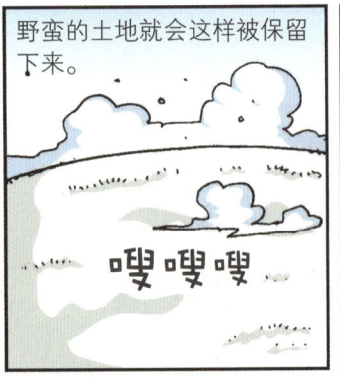

寒冷地区的土地大多是不毛之地，几乎没有任何作物。

"土地都冻住了，根本没法种东西。"

因为没有办法耕作，只能是白白空置着。

在这样的环境中，只有文明水平比较低的野蛮人才能生存，所以在这样的地方，任何政治组织都是不可能的。

"啊，有味道……还是洗洗再出去吧！"

野蛮的土地就会这样被保留下来。

嗖嗖嗖

相反，在有适当剩余产品的温带地区，最适合那些普通的自由民众生存。

那么，炎热的地区又怎么样呢？

"太热了！"

热带国家土地肥沃，只要付出一点劳动，就能得到丰厚的收成。

"就算不干活，也有这么多东西可以吃，哈哈哈……"

君主需要大量的物品以满足他们奢侈的生活，所以生产能力很强的热带国家最适合君主制。

"还要多多地上供！"

"给了国王很多，还剩下这么多。"

不同的气候下，农作物的产量是不一样的，所以可与其相适应的政府形式也有所不同，卢梭的这一主张显然有一定的道理。

但是不能只看气候，还必须同时考虑到劳动、体力以及消耗等。

政府 政府 政府

172　卢梭的社会契约论

卢梭还对每个国家的饮食文化和人民的食量进行了比较。
在人口相同的情况下，南方地区的食物消耗量要比北方地区少。
你只吃那么少，是怎么活下来的？
越接近赤道，人们吃得越少，
吃得太多，身体会变得笨重，没法灵活活动……
几乎不吃肉食，主要食用玉米、大米等谷物。
至少要吃10个才能饱！
卢梭认为，热带地区和寒冷地区，食物的味道也是不一样的。
热带地区的食物营养更丰富，味道也更好。
啊，真好吃！
意大利的蔬菜富含营养，味道非常好，而法国的蔬菜则几乎不会出现在宴席上。
这是什么东西！招待客人的宴席上就全是青草吗？
不管餐桌上摆着什么，我都会好好享用的……
嗡
啊，好美味呀！
本来还想继续饮食的话题，不过我的肚子已经发出信号了。
去吃拉面怎么样？
咕噜噜
作家
山水再美，也要吃饱了以后再看……让我先去填饱肚子，很快就回来。
马上回来，请不要走开！

衣着方面也与饮食类似。在四季变化分明的地方，简单实用的衣服会受到欢迎，

又买新衣服了！

嗯，合适吗？

在意大利那不勒斯，你会看到人们穿着装饰着金线的衣服，但却光着脚在公园散步。

房屋的样式也是不同的。

爸爸，回家吃饭了！

在巴黎或伦敦，人们对居住的要求是温暖而舒适，

所谓家，温暖舒服当然是最重要的。

而在马德里，大门的装饰常常是富丽堂皇，

但真正睡觉的地方却非常破旧。

在这些条件或环境方面，不同的国家常常会有着天壤之别。

啊……怎么能住在这么乱糟糟的地方呢！

按照卢梭的想法，应该根据每个国家的实际情况来确定政府形式。

那么，我们怎么才能知道一个政府是好政府呢？

因为不同的政府形式，其追求也是不一样的，

我们要君主制！

我们要民主制！

所以不能按照相同的标准去判断。

标准

174　卢梭的社会契约论

君主国家和民主国家基本上是背道而驰的。

也可以认为，它们是对立的。

现在就让我们来了解一下君主国和民主国之间的差异吧。

君主国　民主国

在君主国中，最重视公共的和平与财产的安全。

对于罪犯采取以处罚为主的政策，认为严格的政府就是好政府。

有期徒刑50年！

我只是偷了一个面包，就判我50年，是不是太过分了？

在经济方面，为货币赋予了流通的意义。

从现在开始，要用一种叫作货币的东西来支付！

相反，在民主国家中，个人的自由和安全是最重要的。

自由　安全

在经济方面，试图找到一种可以让全国人民都过上平等生活的方法。

虽然我们可以在各个方面对这两种类型加以比较，并得出答案，

君主国　民主国

但却很难准确说哪个好，哪个坏。

君主　民主

另外，这样确定标准，本身就存在一定的问题。

君主　民主

你们的看法是什么呢？

嗯，哪种形式的政府对我们更有利呢？

第9章　好政府与人口数量　　175

无论哪种政府，都有一个共同的判断标准，

那就是人口。

政治组织的目的是什么呢？当然就是成员的生存和繁荣。

建设幸福生活的国家

那么，能够最明确地展现成员的生存与繁荣的标志又是什么呢？也是人口！

当其他方面都相同的时候，

你是谁？

你又是谁？

如果人口增加，就说明这个政府是一个好的政府。

熙熙

妈妈！

壤壤

根三呀！

不要挤！

但是，并不能简单地看待人口问题。

因为，想要决定到底生几个孩子，

嗯……希望你们多多生儿育女……

必须要考虑多方面的因素。

最近身体状况不太好，咱们明年再要孩子吧。

另外还有本来没想要，却意外得到孩子的情况。

今天，发达国家的人口数量逐年减少，

出生率已经到了危险水平了！

呼吁一个家庭生两个孩子！

发达国家

印度等发展中国家的人口则在逐年增加。

卢梭的社会契约论

在非洲贫困地区出生的孩子,有很多一出生就夭折了。

孩子,原谅你无能的爸爸吧!

人口增加的国家就是好国家,这种想法或许适用于卢梭生活的18世纪,但现在却不再是那样了。

在这里要说个题外话。大家可能也都知道,近年来韩国的出生率一直处于下降的趋势,这其实是一个很大的问题。

出生率

就是在几十年之前,

1970

大家都还认为少生孩子好,

不要重男轻女
只生两个就好!

而现在的情况却相反。

持续的低出生率,让我们很快就要面对一个老龄化社会!

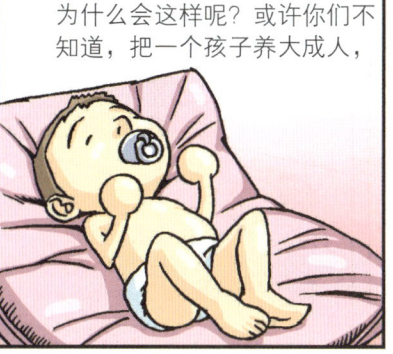

NEWS

为什么会这样呢?或许你们不知道,把一个孩子养大成人,

需要养育者几十年的付出与牺牲。

啊……

妈妈。

养育孩子非常辛苦,所以有人不愿意生孩子,

你已经是大孩子了。

虽然我们也想要孩子,但是……

有人是因为生活压力太大,而不想考虑生育的问题。

把他养大太难了……

一切都会好的,加油!

第9章　好政府与人口数量

就算是按照18世纪卢梭的想法，政府尽职尽责，人民享受太平盛世，努力生儿育女，
再也不用担心生活的问题，当然要多生几个孩子了。
但也无法保证政府能够维持这种状态。
坦克来啦！
好政府变成坏政府不过就是转瞬之间的事情。
我要提高税赋，多收钱！你们没意见吧？
因为人民很难察觉到政府的错误，
哈哈哈……
我是个大好人！
所以没有人会知道政府是在什么时候、以及怎样偏离轨道的。
怎么会变成那样？
不知道呀。
政府貌似什么也没有做，但实际上一直在努力对抗主权。
主权
政府
政府
就如同个人意志不断与共同意志背道而驰一样。
只要我过得舒服就足够了，我才懒得去管别人！
政府越是想对抗主权，
政府要高于人民！
政治体制就会变得越糟糕，
政治应该是为少数的既得利益者服务，而不是为了人民。
而这就是政府的堕落。
我要为独裁制定法律！
如果政府加强统治，就预示着它已经开始堕落了。
从现在开始，必须要得到允许才能上厕所！
啊！

从多数到少数，也就是从民主制向贵族制，

然后再从贵族制向君主制转变。

还有一点也是政府堕落的信号。

那就是当政府不按照法律进行统治，而是篡夺主权的时候。

这时候，社会契约被废除，

公民被迫服从，而政府则成为暴君。

我的话就是法律！

你们都要为我工作！

另外，当政府的管理者篡夺了本来应该由整体行使的权力时，社会也会变成相同的状态。

这样一来，就好像有多少个行政官就有多少个政府一样，国家必然会面临分裂，直至灭亡。

嘿嘿嘿……在这里我就是国王！

政府会以这样的形式逐渐衰落。而随着政治体制的不同，这种恶劣状态的表现也是不一样的。

民主制堕落后，就会成为僭主制，贵族制堕落后，则会变成寡头制，

君主制堕落后，就会成为暴君。

第9章　好政府与人口数量　179

暴政一词在柏拉图和亚里士多德的著作中都曾经出现过。

我们把这种政治体制叫作僭主制吧。

嗯，好主意。

在《理想国》和《政治学》中，都是用僭主制来指代民主制堕落后的政治体制的。

柏拉图将僭主制定义为军事独裁的体制。

亚里士多德则认为僭主制是多数平民的政治体制。

平民政体！

那些保守的学者们，

由那些无知大众掌握的政治……哼哼哼！

本来就鄙视民主政治，

真让我感到着耻……

对于僭主制，更认为它是傻瓜统治的政治。

不过就是傻瓜们的政治罢了……

寡头制则是为了嘲讽或批判贵族政治而使用的，

但并不一定是坏的意思，

它代表着少数人成为统治者，来决定所有事务的政治体制。

我们一定要这么做吗？

那是一群傻瓜吗……

只要不是一个人，

或是多数人支配的政府，就可以叫作寡头制。

卢梭的社会契约论

柏拉图将严格遵守法律的公正的国家叫作贵族制，

将不能严格遵守法律的、不公正的国家则叫作寡头制。

而亚里士多德则正好相反，他将寡头制看作是贵族制堕落后的政体。

贵族制堕落以后就是寡头制！

不对，不对！

卢梭同意亚里士多德的观点。

在今天，不仅指国家，这种观点在针对其他社会集团时也被广泛应用。

作为僭主制的主人公暴君，

一般是指那种践踏正义与法律，

用暴力统治国家的君主。

嗷呜

而在古希腊时，则不管这个人是好君主还是坏君主，

只要是没有正当资格，篡夺王权的人，

从现在开始我就是国王了！你没意见吧？

是……是……

都会称其为僭主。

暴君！

第9章　好政府与人口数量　181

卢梭则是将其分为篡夺王权的人和篡夺主权的人。	王权的篡夺者叫作"暴君"。 暴君！	主权的篡夺者叫作"独裁者"。 独裁者！
如果说暴君是不相信法律，但还是要依照法律进行统治的人， 有人要政变…… 嘘！ 放心吧，我会遵守法律的。	那么独裁者就是完全无视法律的人。 法律？那是什么东西？ 听不见，听不见…… 你要守法！	可见，独裁者要比暴君更恶劣。 为什么只讨厌我？
无论是僭主制，还是寡头制，还是暴君， 暴君 寡头制 僭主制	一旦政府开始做坏事，那么灭亡就只是迟早的问题了。 咔嚓	
卢梭将政府比喻为人体。	和人体一样，政治体制也是从出生之时，就开始走向死亡。	这种倾向是自然而然的，也是不可避免的。

卢梭的社会契约论

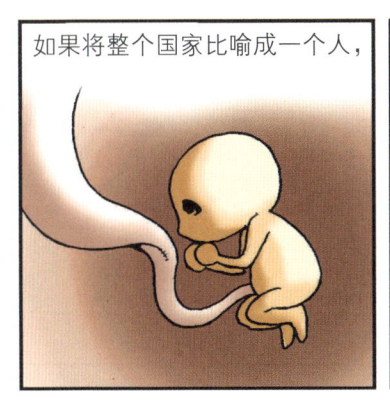

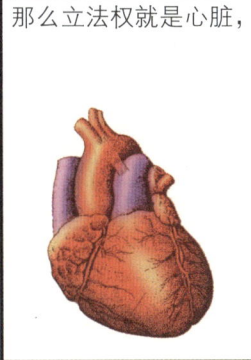

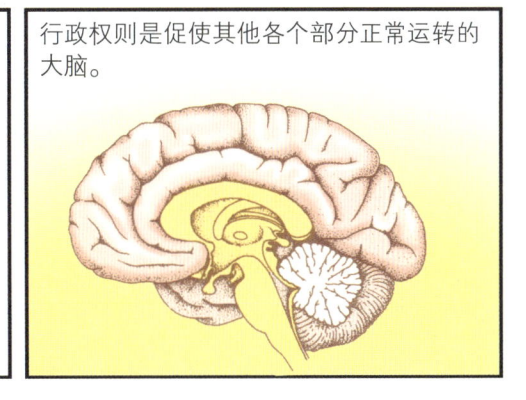

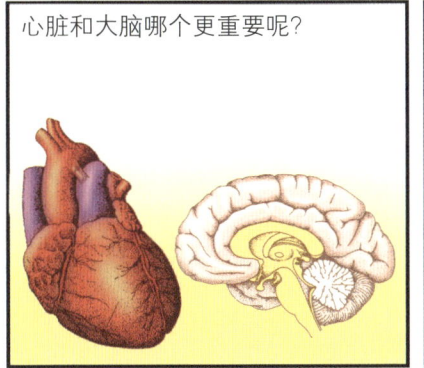

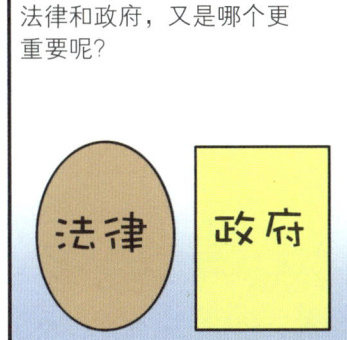

如果将整个国家比喻成一个人，	那么立法权就是心脏，	行政权则是促使其他各个部分正常运转的大脑。
心脏和大脑哪个更重要呢？	法律和政府，又是哪个更重要呢？	卢梭的回答非常明确！ 简单明了！
大脑处于瘫痪状态时，人还依然活着， 但如果心脏停止了跳动，人就死了！	可见，国家的存在是要借助于立法权。	两者都很重要，但最根本的是法律。
让我们来换个比喻，立法权就如同意志，行政权则是力量。	心地善良，充满力量当然是最好的，但如果一定要在善良的心和力量中选择一个的话，	当然是善良的心更重要。

第9章　好政府与人口数量

出生率持续降低会怎样

韩国人口增长率世界最低

从下图（图9.1）可以看出，目前韩国的出生率非常低。统计资料显示，以2005年为例，韩国的出生率是每一万个人中，新生儿的数量只有44名。另外，根据联合国统计资料显示，到2015年，韩国的人口增长率是2.4%，在全世界是最低的。

年	1970	1975	1980	1985	1990	1995	2000	2001	2002	2003	2004	2005
统计出生率	4.53	3.47	2.83	1.67	1.60	1.65	1.47	1.30	1.17	1.19	1.16	1.08
新生儿数（万名）	101	88	87	66	66	72	64	56	50	49	48	44

图9.1 年度统计出生率及新生儿变化趋势

资料来源：韩国统计局人口动态统计年报。

直接的结果就是，在2007年12月，韩国全国每三所小学就有一所关闭。相当于14452所中小学校的20.8%，也就是3016所学校被迫关门。9174所小学中的31.9%，也就是2928所学校被迫关闭。当然，这些关闭的学校主要都在农村或者渔村中，但是在未来，首都周边的学校也难逃这样的命运。

2800年，韩国人口数为零

如果出生率像这样持续下降，国家将会面临一种非常严峻的状态。如果出生率持续每年降低一个百分点，那么到了2800年，韩国的人口数就会变为零，地球上恐怕就再也找不到韩国人了。尽管2800年是几百年之后的事情，但是眼前面对的，是劳动力严重不足的问题，生产力降低，消费萎缩，经济必然会陷入危机。

因此，现在我们必须要站在国家的角度来看待低出生率的问题。生育已经不再是一个女性，或是一个家庭的问题，而是与国家的未来密切相关，每个公民都应该有这样的意识，国家也应该在此基础上去制定关于生育的各种制度性的政策。

第10章 人民懈怠时会产生的问题

在人民如何维持主权方面,卢梭提出了几种方法。

首先,人民要想作为主权者采取行动,就必须集合在一起。

熙熙 攘攘

但是,在卢梭生活的时代,将全体人民集合在一起是很困难的。

而两千年前的古罗马就不一样了。

要开会了,大家都到广场集合!

因为把罗马公民集中起来,只需要几天就足够了。

赶快打开大门,好让我们进去呀……

在古罗马,只有成年男子才有公民权,所以集中起来比较容易。

这里是什么地方?怎么能有女人?

卢梭的社会契约论

那我们生活的现代社会又怎样呢?

从早到晚忙于生计的现代人,

迟到了,迟到了!

面包 面包

会为了讨论国事而聚集起来吗?

真能召集起来的人,一个都没有……

当然也有例外,比如世界杯期间聚集在广场上的人潮,但那时大家是为了享受愉悦而聚集在一起,

加油 加油

Fighting KOR

Red Red

如果是讨论国事,很多人可能都会感到无聊。

一听到政治就头疼,咱们还是玩牌吧!

好主意!

看看选举的低投票率,也就大致可以了解这种状况了。

耶!大海……

第10章　人民懈怠时会产生的问题

卢梭认为，这种为了讨论国事而召开的会议，应该是固定的，而且要定期举行。
这么忙，为什么总要把我们召集起来？
谁说不是呢。
因为国家事务通常都不是一次就可以做出决定的。
人声
嘈杂
明天再开一次会吧。
因此会议是绝对不能取消或延期的。
我正忙着打游戏，去不了！
应该按照法律规定，在适当日期合法地聚集在一起召开会议。
当然，有时候也需要一些非正常会议。
会议进行中
除有关人员外严禁出入
那么，召开会议的地点应该要怎么确定好呢？
一个国家里通常都会有很多城市。
光州
釜山
仁川
大田
首尔
如果总是在某一个城市召开会议，
首尔
那么，权力就会集中到这个城市，而其他地方只能隶属于它。
那个地方真是辉煌灿烂啊。
方法只有一个！
就是不只确定在首都，而是在城市之间轮流召开会议。
这次的会议在济州岛，赶快去机场！

这样一来，领土内人口均匀分布，每个地方都享有同样的富足，国家也会越来越强大。
轰隆
轰隆
大家还记得吗？在前面我们曾经提到过在韩国实行地方自治。
地方自治
它的宗旨就是，让首都之外的其他地区也要均衡发展。
首尔
釜山
将政府的力量分到地方，给地方参与政治的机会。
让我们把力量合在一起，好好做事吧。
$
但是在韩国，地方自治制度还没有被顺利推广，所以人口大多集中在首都圈。
生活太艰难了，我们还是搬到城市里去吧。
好吧。
因为人口集中，所以很自然的，行政、经济，以及文化也都会集中在首都圈周围。
市政厅
国家银行
DGV
熙熙
攘攘
甚至于出现了“首尔共和国”这样的词语。
所有道路都通向首尔
当上首尔市长之后，下一步的目标当然就是总统的位置。
市长
现在该去竞选总统！
地方如果要实行一定程度的自治，
庆尚道
2km
地方政府就必须要在财政上独立于中央政府。
我们也可以独立完成！

卢梭认为，只有人民参与，才能顺利行使主权。这样说当然是对的，

> 我们也去搞政治吧。

但是在现代社会中，直接参与到政治活动中，其实并不容易。

> 普通人不能进入。

有的人是因为没有条件，所以无法参与，

> 连吃饭时间都没有！

有的人是对此漠不关心。

> 超人怎么了？

卢梭却断言，如果人民对于公共事务漠不关心，而只关注自己的事情，

> 国库跟我有什么关系？

最终国家一定会灭亡。

当需要上战场的时候，雇佣别人替自己去打仗；

> 你准备在家里干什么？
> 因为你好像比我更合适些。

当需要开会的时候，派议员前去。可以说，这些都是出卖祖国的行为。

> 过去混混时间就回来吧。

在一个组织优良的国家中，

每个人都很乐于参加国民会议，

> 会议要迟到了。

而在一个坏政府中，个人对国民会议的态度是毫不关注，甚至是嗤之以鼻。

> 这个周末去钓鱼吧？
> 去哪儿好呢？

这是因为他们知道，共同意志会遭到轻视和践踏。

> 反正也没人会听我们的话！
> 就是！

卢梭的社会契约论

而这样下去最终的结果就是，好的法律会制定出更好的法律，

而坏的法律则会制定出更坏的法律。

卢梭还特别猛烈地批判了那种选出代表来代表自己的做法。

放弃主权的行为，无异于抛弃了自己！

在有了代表者的这一瞬间，人民就失去了自由，因为他们自己本身就已经不存在了。

走开，走开，你挡住我了！

无论是议员也好，代表也好，都不能成为主权的代言。

主权是不能转让的，同样，主权也是不能代表的！

因此，议员不是人民的代表人，也不可能成为人民的代表人。

啊！

他们不过就是人民的服务人员。

卢梭认为，在古代共和国或者君主政治下，人民从来都是没有代表的。

都没有意见吧？

是……

是……

"代表"这个观念是近代才产生的，而且是从极端邪恶而且不合理的封建政府那里引申出来的。

封建制度

第10章　人民懈怠时会产生的问题　　191

卢梭认为，通过代表来行使主权完全是一种错觉。
玩儿去喽！
主权
他辛辣地指出，“英国人民自以为是自由的，但那只是一种错觉。他们只有在选举国会议员的时候才是自由的。
如果你们选我，我一定会努力为各位……
服务！
一旦选举结束，他们就成了奴隶，失去本该属于自己的自由。”
为了贵族和国家，不准休息，赶快去干活！
啊！怎么一当选，
说的话就完全变了……
韩国的情况难道不是一样的吗？只有在选举日那天，人民才被看作是国家的主人。
有些人对选举漠不关心，
山里的空气真新鲜。
而且还以此为豪。
我昨天去爬山了，玩得很开心……
他们并不关心谁会当选，
那个就是把选举日当假日的人！
认为那些都是政治家们才关心的事。
爱选谁就选谁嘛。
但是，不关心政治，并不能解决问题。
弃权
因为弃权可能会助长恶势力。
祝贺当选
唉，选出了不该当选的人！

第10章　人民懈怠时会产生的问题

| 在古代国家中，儿童和妇女都不能算是公民。 | 公民们参加会议，展开政治讨论的时候，儿童和妇女们要侍奉左右，因为这些工作不能交给奴隶。 |

| 以前，公民们的生活很悠闲，
啊——好无聊。 | 但现在，气候变得恶劣，
啊！因为地球变暖，冰河都融化了。 | 也没法自由地使用广场，
得到允许才能集会！ |

| 也不能在野外，用大声喊叫来召开会议。
啊——这么吵，是要开战吗？ | 而且，生计成为了比自由更重要的事情。
活下去都很难了，还谈什么政治！ | 正如卢梭所说，与成为奴隶和失去自由相比，
主人您起来了？ |

| 人们更担心贫穷的问题。
当奴隶至少不用饿肚子！ | 无论在卢梭生活的年代，还是在现代，这种状况都是一样的。 | 人民选出被卢梭所鄙视的代表，
代表 |

卢梭的社会契约论

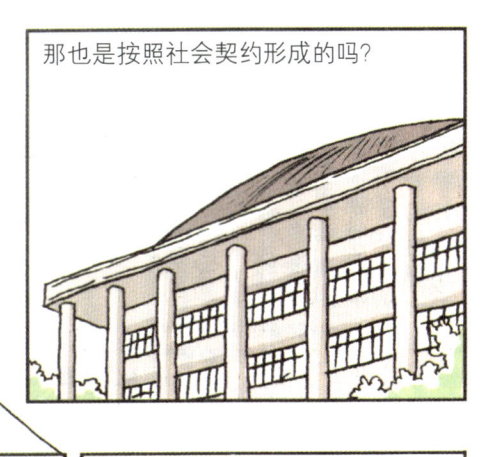

第10章　人民懈怠时会产生的问题

构建政府是分两个阶段进行的，分别是法律的制定和法律的执行。

依据第一个行为，也就是法律的制定，主权者提出政府的形态。

依据第二个行为，也就是法律的执行，

再左边一点。

人民会任命负责政府事务的管理者。

这样就得出了一个结论：

谢谢！谢谢！

建立政府的行为不是依靠契约，而是依靠法律。

允许建立政府！

负责行政工作的人，

不是人民的支配者。

请相信我，追随我！

人民可任命他们，同样也可辞退他们。

赶走他！

管理权是国家赋予他们的工作，是作为公民的一种义务，

我一定要为人民努力工作！

完全没有对工作条件说三道四的权力……

工作怎么会这么多啊。连休息的时间都没有……

但也会出现其他的情况。

卢梭的社会契约论

第10章　人民懈怠时会产生的问题

其实不仅是十人委员会，

卢梭认为，历史上所有的政府一旦获得权力，都会言行突变。

如果不听我的话，你们就别想过好日子！嘿嘿嘿……

政府 委任状

原来不是为人民服务的政府……

因此，只有定期举行前面提到的国民会议，

这个星期日要召开会议，请大家不要缺席。

才能有效地阻止这种情况的出现。

敬请出席

时间：本周日
地点：中央广场
费用：免费
　　　自备午餐

那么，应该怎么举行这种国民会议呢？

好了，好了，现在要开会了，请大家保持安静。

国民会议应该要以维护契约作为唯一目标。

我将依据社会契约来发表今天的提案。

熙熙攘攘

而且，会议总是要采取两个提案的形式，

首先有两个提案，

要分开进行表决。

别卖关子了，赶快说！

至于内容方面，

哎……知道了。先让我喝杯水再说……

198　卢梭的社会契约论

第10章　人民懈怠时会产生的问题

不过，如果是为了逃避自己的义务，或者不愿意为祖国做出奉献与牺牲，则是非常可耻的事情。

> 我真的不想去参军……有没有什么办法能逃避呢？

> 干脆移民到其他国家吧！

> 为什么后背觉得火辣辣的……

> 谁在背后议论我呢？

卢梭认为，因社会契约而结为一体的人们，都只拥有共同意志。

共同意志就是符合共同的生存和福利的意志。在这样的状况下，国家的所有活动都是蓬勃而又纯粹的。

在这样的国家里，处处都明确展示着共同的利益，

> 每个人都能感受到它的存在！

在这样的国家里，只需要很少的法律就足够了。

没有政治上的尔虞我诈，处处洋溢着和平、团结、平等。

卢梭认为，这样的国家是非常有可能实现的。只是有些理论家，只看到了那些在开始建构的时候，体制就是错误的国家，因此他们就认定，在这些国家之中，是不可能运用我们前面所提到的这样一种秩序的。

卢梭的社会契约论

当然，如果社会纽带松弛下来，国家走向衰弱的时候，这种秩序也会因此而垮台。

"我们来解决一下劳资纠纷问题吧。"

"我们要求提高工资！"

"不能提高工资！"

一旦产生个别的利害关系，各个派别开始对社会施加影响的时候，公共利益就会发生变化，并且产生各种矛盾。

"只有我们劳动者受到损失，这样不行！"

"公司也有公司的难处！"

共同意志也就不再是全体人民的意志，大家的意见也不可能再达成全体一致。

"哼！没必要再协商下去了！"

这样下去，国家就只能处于濒临毁灭的状态。

社会纽带也在人民的心中消失得无影无踪。

丑恶的私欲不知羞耻地占据了公共利益的神圣地位。

"啊！好舒服！"

越是如此，共同意志越会保持沉默。

"真是太过分了！"

人们不再作为公民来表达他们的观点。

但卢梭认为，共同意志是绝对不会被消灭，或是变质腐败的。

共同意志

共同意志永远是恒定的，不可改变的，而且是纯粹的。它只是暂时被其他更强大的意志掩盖了而已。

第10章　人民懈怠时会产生的问题

古罗马最早的成文法《十二铜表法》

通过平民的力量让法律成文

古罗马公民的身份,在早期分为贵族与平民。贵族主要是占有大量土地的大地主,凌驾于平民之上。而经济力量薄弱的平民放弃自己的自由,依附于贵族,从事各种工作。作为代价是可以保障平民的生计和安全,其中也有很多人因为负债而沦为奴隶。

这样的事情不断重复,平民对贵族的不满越来越强烈。平民们认为,最有利的抵抗方法就是干脆离开罗马,建立另外一个城市,以此来对抗贵族。在公元前494年,平民们撤出罗马,占领了阿文提诺山,想要在那里建立新的城市。

当时,作为罗马军队主要力量的步兵大部分都是平民,所以,一个没有了平民的罗马,军事力量非常薄弱,根本无法抵抗外敌的侵入,也无法展开侵略战争,对此贵族们是非常清楚的。于是,贵族不得不暂时答应平民的要求。第一步就是接受了《十二铜表法》。

当时罗马的法律体系不是成文法,而是不成文法。因此,贵族和平民之间一旦出

▲ 阿文提诺山丘上保留着狄安娜神庙的遗址。在古罗马神话中,狄安娜是月亮和狩猎女神。

现矛盾，罗马的法律必定是站在贵族这一边的，平民往往都是受害者。所以，平民们希望首先明确规定法律的内容，然后起草成文书，公之于众。

半个平等法

《十二铜表法》是罗马最早的成文法，是由罗马的"十人委员会"共同制定的。他们起草的法案成为了罗马的国法，为了将这一基本法永远保存，并展示在大家面前，就将它篆刻在12块铜表上，放置于罗马广场。当然，《十二铜表法》并不是代表平民利益的法律，也并没能消除陋习，创造自由。《十二铜表法》维护的还是贵族阶层和奴隶制家长的特权，当无法偿清债务时平民还是要变成奴隶，并在民事上介入了很多宗教习俗，所以反而是更有利于贵族。不过，有了这样一个成文法，贵族们不能再任意处置事务，所以，这虽然是有利于贵族的一个法律，但是终于有了一个成文的法律可以依照，平民们还是能够得到比以前更多的保护。

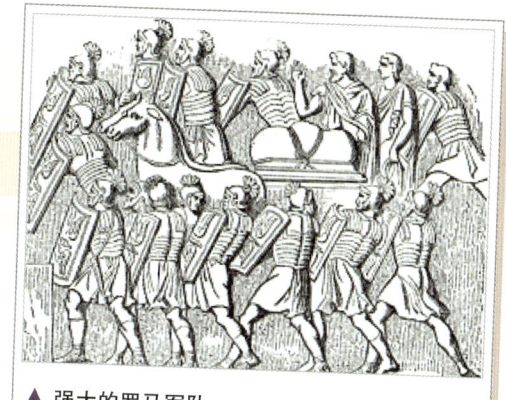

▲ 强大的罗马军队。

有了《十二铜表法》之后，平民希望制定更多有利于自己的实质性的法律。而贵族也需要平民的支持，所以也做出了适当的让步。公元前376年政府通过了"李锡尼法案"，规定执政官中必须有一人是平民出身。此后不久，平民又逐渐获得了担任监察官、法务官等权力。而且，平民与贵族之间的通婚也受到了法律的保护，这在以前是无法想象的事情。古罗马一时间成为了世界上最强大的帝国，而当时的法律就是在这样的背景下得到发展的。

第11章 有时为什么需要独裁者

在这一章中,我们将要讨论一个与我们密切相关的问题。

大家在学校里一定都参加过投票或选举。

所以大家可以把这部分的内容与你们所听到、看到、感受到的进行比较和思考。

投票或选举并不经常举行,

在即将到来的大选中,请大家都去投出自己宝贵的一票。

这样一件不是经常发生的事情,却对我们的生活有着很大的影响。

只有亲自选出我们的代表,才能让我们的国家越来越好!

以前好像还有过关于小学班干部选举场面白热化的报道。

正是因为这个原因,给孩子幼小的心灵造成了伤害。

204　卢梭的社会契约论

在班会上，也经常会出现需要投票的情况。
偶尔也会有人弃权，
我，弃权！
但也曾有全票通过的情况吧？
同意！
同意！
同意！
到目前为止，我们一直在学习《社会契约论》，
社会契约论
所以大家应该能够明白全票通过是多么意味深长的四个字。
全票通过
以后再投票的时候，大家不妨思考一下你们班的共同意志。
这个共同意志与我们有着密切的关系！
即使只是在班会上讨论的提案，
今天的提案是大扫除！
也应该要好好考虑，投票结果是否符合共同意志。
之所以要进行大扫除，是为了我们全班同学的健康！
在公共事务中，越是接近全票通过，越是符合共同意志。
没错！让我们把力量集中起来，创造一个整洁的环境！
好的！
在古罗马的平民大会上进行表决的时候，
请同意的人举手！
常常以压倒性的绝对多数获得通过。
同意
同意
同意
因为公民追求的只有一种利益，也就是公共利益，所以可以将意见统一在一起。
全票通过，今天的会议结束！
啪
啪
啪

当然也存在另一种极端的情况。

反对！

如果某个力量强大的人站在背后，当有人投出反对票时，就会对其进行威胁，

我会保护你们的

那么谁还能坦然地投出反对票呢？

嗯……我……做不到。

多吓人呀……哈哈哈。

在恐怖的气氛下无法商讨问题，无法按照自己的意愿进行投票的情况确实存在。

这时候，虽然也会出现全票通过的结果，但却并不是真实的。

笑啊！笑啊！

而究其本性而言，必须要有全体公民一致同意的法律，只有一个！就是社会契约。

社会契约

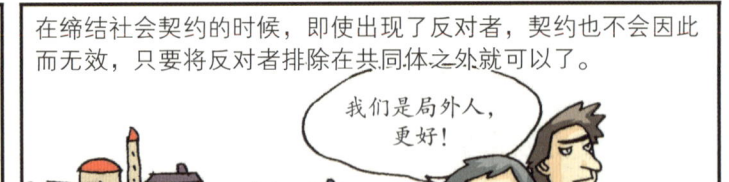

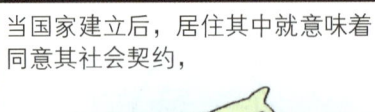

在缔结社会契约的时候，即使出现了反对者，契约也不会因此而无效，只要将反对者排除在共同体之外就可以了。

我们是局外人，更好！

共同体

从这个层面来说，国家也是一样的。

国家

当国家建立后，居住其中就意味着同意其社会契约，

也就是说，你如果居住在这个领土之内，就要服从这里的主权者。

主权

卢梭的社会契约论

当然，这只限于在自由国家中。

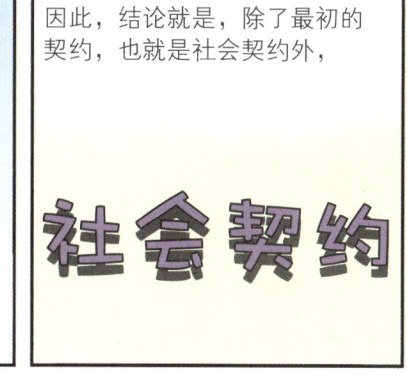

自由

因此，结论就是，除了最初的契约，也就是社会契约外，

社会契约

绝对多数的意见可以支配其他少数人的意见。

我们都决定要跳皮筋！

我想做游戏。

而这就是契约本身的结果。

啦啦啦，啦啦啦……

唉！真是太丢脸了。

没有人注意我吧？

一项法律被提出并征求人民意见时，

我们要修改法律，变成隔天休息！

就是在询问，这个提议是否与共同意志相一致。

不行！

为什么不行！

每个人都投出自己的一票，对此发表意见。

大家都肃静，让我们来投票决定吧！

在对票数进行统计的时候，就可以从中发现共同意志。

3票同意，97票反对，今天的提案被否决了！

如果投票结果显示，相反的意见占了上风，

3票反对

那就说明自己的判断错误。

说明自己所认为的共同意志并不是真正的共同意志，

不被多数人认可的，就不是公意。也可以把它简单地理解为少数服从多数的原则！

第11章　有时为什么需要独裁者

大家在班会中应该也遇到过这样的情况，你的意见与多数人的意见不一致。

有的人会按照自己的想法去投票，

"不管别人怎么说，都应该让我来当班长！"

也有人会在观察了周围的形势后，悄悄地改变主意。

"别人好像选的都是载原，要不我也……"

但卢梭认为，是否是公意，在任何时候都可以通过投票结果来显示。

载原：正正正正下—23
硕灿：正正正下—18
智英：正正———11

而且，卢梭认为过度的协商是不好的。长时间的协商、分裂和骚乱，都会让国家灭亡。

"如果协商时间过长，会让大家身心疲惫，然后就会出现争吵，"

"这样一来，国家的力量会越来越衰弱，遇到磨难，就可能会灭亡。"

让我们来看古罗马的例子。在公民大会中，贵族和平民各成一派，纷争不断，国力因此而日渐衰弱。

"有那么多工作要做，为什么要每天到这里来打嘴仗？"

"吵吵"
"嚷嚷"
"就是啊！"

必须全票通过的就只有最初的社会契约，

社会契约

至于其他的事情，经过讨论之后，可通过少数服从多数的原则来决定。

"15票同意，2票反对，表决通过！"

当然，在任何情况下，人们都不能只考虑自己的立场，

啪 啪 啪

而应该先考虑共同意志是什么，然后再做出决定。

同意

卢梭的社会契约论

所讨论的问题越是重大且重要，那么，占据主导地位的意见也就越接近于全体一致。

所处理的事情越是需要迅速解决，

我菲利比斯*，不能在这里跌倒！

那么，哪怕只是多一票，也要按照多数的一方来决定。

获胜

* 菲力比斯：著名的古希腊勇士。第二次波斯战争时，他从位于马拉松的战场跑了40多千米，将胜利的消息送回希腊。马拉松比赛就是为了纪念他而确立的。

在这两条准则中，第一条适合于制定法律，或者决定一些重大提案的时候，

今天的提案

全票通过！

第二条准则则适合于处理一些突发状况。

现在我宣布，总统弹劾案

被否决！

但无论如何，都必须把这两者结合起来，才能确定少数服从多数的比例关系。

少数服从多数

这是最好的结果。

Perfect!

太难了，听不懂？其实我也觉得挺难懂的……

到现在为止，我们一直在学习为协商和决定提案而进行的投票，

投票

下面，让我们来了解一下在国家中为挑选君主和行政官而进行的选举。

Let's Go!

第11章　有时为什么需要独裁者

从程序上来说，选举可有两种方法，那就是选举和抽签。

当然也可以把两种方法结合起来。

要记住，选举是政府的一项职能，而不是主权者的一项职能。

那么，在选举和抽签中，哪个方法更好呢？

如果进行投票表决，一定会把票全部投给抽签。

在真正的民主制中，行政职务并不意味着享受特权，而是毫无保留地奉献。

虽然很累，但是又过了有意义的一天。

因此，人们无法把这个职位公平地分给某一个人。

用抽签决定是最好的，因为被抽中的几率都是一样的。

每个人所处的条件都是一样的，也消除了那些因为偏颇而出现的纠纷。

"某"先生当选！

孟德斯鸠说："以抽签的方式进行选举，是最自然的一种民主。"

你们知道是什么意思吗？

但是抽签并不会为所有人都带来好结果。

210　卢梭的社会契约论

有时候，不同的职位必须要采取不同的选举方法。

一般的职位用抽签决定是很公正的，

谁会被选上呢？

让我们来猜猜吧。

如果是需要具备特殊才能的职位，通过选举来决定则更好。

而那些只要有健全的理智，

并具备公正与廉洁品质就能胜任的职位，则适合采用抽签方式。

现在要选举在运动会上代表你们班比赛的跑步选手，

是抽签好呢？还是选举好呢？

我们要选一个跑步选手，谁比较合适呢？

如果用抽签的方式，虽然很公正，但却没法保证取得好成绩。

选出的竟然是班里跑得最慢的同学……

在这种情况下，很显然应该选那种善于跑步的人。

应该让我去跑……

在这种时候，用选举的方法要更好一些。

不过，在有些情况下，无论是抽签还是选举，都没有任何用处。

那就是在君主制国家中，君主可以随意确定人选。

君主，作为唯一的统治者，可以任意挑选官员。

身边的人都是我的兄弟。

第11章　有时为什么需要独裁者　　211

民间有一种说法，人事为万事之根本。

人事＝万事

意思就是说，建立这个社会的是人，这个世界上最重要的资源，依然是人。

孔子曰
孟子曰

还有一层意思就是，人才管理可以决定组织的成败。

一定要勤奋学习！

是！

而对于统治者来说，最重要的权力就是人事权。

如果不努力工作，就会被解雇！

人事权

那么，是不是只要像这样，通过投票和选举去严格执行法律，就可以解决所有问题呢？

法律本身就不存在任何问题吗？

法律

答案当然是否定的。

腿太疼了，我还是坐着说吧！

法律偶尔也会出现对社会毫无益处的时候。

我来举一个简单的例子。

现在有一个分秒必争的紧急事件，如果按照法律规定，依程序处理，可能会延误时机。

敌人已经到眼前了……

再……再等等吧……

最糟糕的情况，甚至会因遵守法律而导致国家灭亡。

上级还没有下达射击命令……

还没打就失败了……

212　卢梭的社会契约论

其实在生活中，很多突然发生的意外情况，都是超出了法律范畴的。

卢梭的基本立场是反对独裁统治，但他认为，如果国家处于严重的危机之下，可以暂时中止法律，允许独裁。

> 宣布戒严令！

人民可以按照公意，将所有的权力交给一个独裁者。

在古罗马和斯巴达就曾经真的出现过这样的情况。

但是，中止法律并不意味着任意而为。

> STOP

只有到了国家生死存亡的重要关头，才能这样做。

> 打仗了！战争开始了！

在这样的时候，公意是什么呢？

> 在战争中取胜就是公意！

当然就是不能让国家灭亡。

因为法律也只有在国家存在的时候才有意义。

但这并不意味着要将法律完全废除。

没有任何一个人可以代替法律本身。

第11章　有时为什么需要独裁者

213

在共和制时代,古罗马的独裁者,指的就是在危急情况下可以行使绝对权力的独裁官。

dictator一词,意思就是独裁、专政,词源是dictatorship。

虽然是有时限的,但是被选为独裁官的人,却能够绝对地独断专行。

宣布国家非常令!

任何人都不能提出异议。

都闭上嘴!

这种制度在当时确实发挥了很大的作用。

罗马共和国也因此度过了很多难关。

独裁官的任期是6个月,但大部分人都是在任期未满就离开了这个职位。

任期还剩一个半月呢。

如果期限更长一些,也许他们会要求延长期限。

能不能延长任期呢?

古罗马的执政官恺撒,有着高明的政治手腕,并且在战争中屡次获胜,因而手里掌握着多种权力。

这样直接后果就是,他被怀疑想要篡夺王位。

一定要小心恺撒!

214　卢梭的社会契约论

后来，他遭到了元老院中共和制拥护派的暗杀。

临死之前，他还说了一句非常著名的话：

孩子（布鲁图斯），（背叛我）也有你吗？

恺撒留下的名言还不只这一句。

在进攻罗马之前，即将要渡过卢比孔河的时候，他说，

骰子已经掷出！（即木已成舟之意。）

在小亚细亚的战争中获胜后，他给元老院写了一封信，里面只有三句话，"我来，我见，我征服。"

罗马共和国在早期常常要借助于这种独裁统治。

而到了共和制的晚期，对这种独裁方式则采取了抵制的态度。

因为一旦渡过了危机，独裁者要么成为暴君，要么就变得毫无意义。

因此，独裁统治必须要限制在一个期限之内。一般是在几个月之后，

独裁者就应将权力交还给人民。

第11章　有时为什么需要独裁者　　215

| 对于独裁统治,韩国人民也曾经有过痛苦的记忆。 | 1961年"5·16"军事政变,朴正熙取得了政权,登上了总统的位置。 | 他提出,因为当时国内形势混乱, |

为了维护秩序和稳定,必须进行独裁统治。

希望大家能够理解我。

他试图继续独裁统治,但是却遭到了盼望民主政治的人民的共同抵抗。

赶走独裁政权！
赶走他！

在1979年10月26日,他遭到刺杀而死。

现在就送阁下去个好地方！

啊！

同年12月12日,全斗焕同样通过军事政变掌握了政权,

拜托各位了！

登上了总统的位置,

全斗焕

他以保障国家安全为借口,将独裁正当化,

在这种危急的状况下,除了我,还有谁能胜任！

对民主人士进行镇压,

什么老掉牙的民主,赶快回家洗洗睡吧！

1987年6月,他不得不做出妥协,同意实行总统选举。

废除宪法！
废除宪法！

啊——吵死了。

216　卢梭的社会契约论

对于这些人，你们可能只知道他们曾经是韩国的总统，

但在韩国现代史上，他们留下了军事独裁的阴影。

不要忘记，这两个人都不是自己下台的。

要么被杀死，要么被逮捕！

卢梭还有一句名言。

自由不是在所有气候下都能长成的果实。

所以，自由也不是任何民族都可以获得的！

这句话到底是什么意思呢？

还有人无法得到自由吗？

自由？那是什么东西？

你是傻瓜吗？

甚至有人会认为，被独裁者统治也很好，

那时候多好啊。

即使给他自由，也不懂得去把握。

这到底是什么呢？该煮着吃还是蒸着吃？

自由 自由

纵观历史，有很多在共和国建立初期依赖于独裁统治的案例。

我们希望独裁。

因为国家基础比较薄弱，只通过法律的力量难以维持正常的秩序。

在现代史上，也出现过很多将绝对权力赋予最高统治者以度过危机的情况。

第11章　有时为什么需要独裁者

217

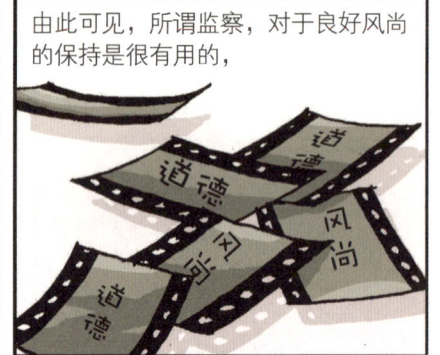

独裁者经常会采用监察的方式，来保持良好的社会风尚，让舆论符合自己的需要。

嗯，这一篇批判政权的文章。禁止出版！

但是，监察并不是独裁者的专有权力。

监察官是存在于社会中的！

卢梭认为，如同公共的意见就是法律的一种形式一样，

公共的审判则是通过监察来体现的。

法律不能去规定风尚，但是正是由于立法，风尚才得以诞生。

因此，当立法薄弱时，风尚就开始退化！

这时候，监察官就会在法律的框架内进行审判。

咔嚓 咔嚓

由此可见，所谓监察，对于良好风尚的保持是很有用的，

但对于已经败坏了的社会风尚，则没有任何用处。

所以，必须要在法律制度弱化之前就设置监察官。

不！

而且还要对舆论进行控制。

嘘

卢梭的社会契约论

| 这样可以防止舆论出现偏差。 | 有时，可以禁止一些不合时宜的做法，用来维持公共风尚。 | 我们来举个例子。法国曾经非常盛行决斗，甚至到了狂热的程度。
决斗！ 决斗！ 决斗！ 我要求决斗！ 让我们来决斗！ …… …… |

| 当时有决斗时雇佣副手的做法。
马上要决斗了，我的副手怎么还不来？ | 大家应该在电影中看到过决斗的场面。 | 以前的欧洲人，动不动就用决斗来解决问题。 |

| 十字军东征之后，产生了骑士制度，决斗也变得更加流行。 | 特别是在法国，甚至可以说是决斗的天堂。
决斗天堂 | 有统计显示，只在1589年亨利四世即位以后的一周里就有4人死于决斗，在一个月里则有18人死于决斗。
你也死了？ 这次碰到的对手很厉害…… |

| 后来，国家颁布了禁止决斗的处罚规定。
未得到国王允许的决斗都是违法的！ | 法国的决斗逐渐减少了。
让我们用对话来解决问题吧！
当 | 但在以后的很长一段时间里，在英国、美国、爱尔兰等国，决斗仍十分盛行。 |

第11章　有时为什么需要独裁者

马基雅维利的《君主论》

渴望强大君主的理论家

《君主论》是意大利政治思想家马基雅维利的著作。全书包括献词和正文26章,被认为是一本奠定了近代政治学基础的著作。马基雅维利创作《君主论》,是希望能够尽快改善意大利动荡的政治局面。

当时,马基雅维利的祖国意大利正处于文艺复兴的全盛时期。在一些富裕商人的支持下,很多艺术家都非常活跃,渴望复兴古希腊时期灿烂的人本主义文明,无论是经济还是文化,意大利都是整个欧洲最繁荣的国家。但是在政治方面的状况却不太好。意大利半岛呈现出四分五裂的状态,在半岛内的很多城邦国家为了霸权而纷争不断,而法国和西班牙等周边的强国则利用这个机会,不断向意大利扩张领土。马基雅维利希望能有一位贤明的君主,尽快实现意大利半岛的统一,于是就诞生了《君主论》。

马基雅维利在《君主论》中提出的主张,其实更接近于"政治权术",而

▲ 代表着意大利文艺复兴的米开朗基罗作品《创世纪》(局部)。

不是"政治哲学"。他的主张与拥护君主专制的霍布斯有着明显的差别。马基雅维利并没有论述君主制的必要性，而更多地阐述的是君主怎样做才能维护自己的权位，怎样才能建立军事强大的国家，并防御外敌的入侵。

政治和道德是两回事

对于马基雅维利这个名字，人们记忆最深刻的是马基雅维利主义，即"为达目的可以不择手段"。这个词也被解释为"目的使手段正当，所以为了达成目的，任何手段都是被允许的"。但实际上两者的含义是不一样的。马基雅维利主张的真正含义是：政治是独立于道德和宗教的另一个体系，所以，为了实现一定政治目的而采取的手段，即使妨碍到道德和宗教，但从达成目的这一点来看，所采用的反道德和反宗教的手段也都是正当的。他之所以提出这样的主张，是因为他看到当时的君主们过分地被宗教道德所束缚，而无法正常进行政治统治，所以他希望能改变这种状况。

不过，马基雅维利这种"为了现实目标有时可以放弃道德"的主张，以及为了祖国可以善恶不分的思考方式，后来遭到了很多思想家的批判。因为，过分以自我为中心的爱国主义，很可能会成为权力者们实行霸权主义的思想基础。

▲ 马基雅维利画像。

第12章 宗教下的公民

现在我们终于来到最后一章了。

大家辛苦了。

这一章内容虽然不多,但却是极具爆发力,而且是重量级的。

也是一直都遭到批判的内容。

都太腐朽了!

前面的内容虽然也相当激进,

但是跟这章相比的话,就都不算什么了。

呜

宗教是比政治更加敏感的一个问题。

卢梭的社会契约论

对于当时的宗教观，卢梭一直毫无顾忌地采取否定的态度。
立刻停止对其他宗教的镇压！
也正是这个原因，才让这本书成为禁书，卢梭本人也受到迫害。
天才总是孤独的！
下面就让我们来具体看一看吧。
卢梭在《爱弥儿》的“一个萨瓦省的牧师的信仰告白”中，
无论信仰哪种宗教，都应该宽容地去对待。
通过牧师，表达了这样的思想。
《社会契约论》中第4卷第8章“论公民宗教”中的内容也与萨瓦省牧师的主张基本类似。
第4卷第8章
论公民宗教
无法预料人们会作出何种反应时，就果断地提出自己的主张，
呼
卢梭的胆子还是很大的！
呼呼
虽然卢梭自己也是基督教徒，但他还是鼓起勇气，
狭隘的信仰根本不是信仰！
批判了曾经统治西方社会的基督教。
不要忘记我说的话！
他还写下了关于“所有的宗教都应该得到肯定”的文章。
但是，他对于其他宗教似乎还是抱着否定的态度，这多少让人有些遗憾。

首先，我们来看看卢梭对于宗教做出的说明。	很早以前的人们，都是受神支配的。	神就是社会的头领。国王就是神，神就是国王，这种政治被称为神权政治。
当然，神不会真的站出来统治人类，"我太忙了！"	而是由神父作为神的代言人，按照宗教教义来统治人们。"去干活！""神让你们去干活！"	那时候，每个国家都会分别敬奉自己的神，所以神的数量几乎跟国家一样多。云神、海神、天神、太阳神、树神、石神
每分裂出一个国家，就会多一个神。"咱们把狗屎定为我们的神吧！""哇，狗屎神！"	这样，随着国家的分裂，就出现了"多神教"。	多神教不同于只认可一个神的"一神教"，而是认可多个神的存在。
古巴比伦的宗教，或者古希腊和古罗马的宗教，	以及初期的印度教等，都是具有代表性的多神教。	大家一定知道很多神的名字。宙斯、阿波罗、马尔斯、阿瑞斯、阿芙洛狄忒

卢梭的社会契约论

在古希腊罗马神话中出现了很多的神，

神的领域分工明确，每个神都各司其职。

现在我们就来看看古希腊的神。

神的国度！

海神波塞冬，

爱情与美的女神阿芙洛狄忒，

太阳神阿波罗，

统治宇宙的主神宙斯，每一位都是声名赫赫。

还有葡萄酒之神狄俄尼索斯，

在那个时期，人们对于宗教的态度是非常开放的。

信什么神是每个人的自由！

没错！

古代罗马人在攻占一个城邦以后，会把自己的法律和神加诸于被征服者，但也会保留被征服者的神。

宗教不能干预！

万岁！

哇~

太伟大了！ 厉害！

第12章　宗教下的公民

并要求他们向朱庇特（罗马人信奉的最高神明）

献上花环。

罗马人的这种开放态度，就是为罗马带来包容性的原动力。

但是，做坏事的人哪里都有。

大家还记得罗马的第三任皇帝卡里古拉吗？

呜

嘿嘿嘿……

就是那个把人民当作牺畜的皇帝。在这里又再次出现了。

还记得我吗？

开始的时候，他推行民主政治，受到了元老院、军队，以及民众的一致欢迎。

厉害！

但是，不知出于什么原因，他慢慢地开始认为自己是来自于宇宙世界的神。

我是神！哈哈哈！

腐化、奢侈，以及独裁的行为，让他最终遭到了暗杀。

错误地以为自己是神的人，并不是只有卡里古拉一个人。

呜

即使是现在，也有一些人极力想让别人相信自己是神。

我是神之子！相信我吧……

226　卢梭的社会契约论

犹太人坚持认为神只有一个，这种态度使得他们与其他民族产生了许多摩擦。

天上有我们的父。

哼！

犹太人先后被巴比伦和叙利亚所征服，但他们除了自己的神，始终拒绝承认任何其他的神。

世界上的神只有一个，那就是我们的主！

哼……

而这种抗拒被看作是对征服者的反叛。

哼……我不会放过你们的。

犹太人也因此招致了种种迫害。

啊！

这时候，耶稣出现了。

爱你身边的人吧！

啊！

耶稣建立了一个精神的王国，

请赦免我们的罪吧。

不仅解救犹太民族，还解救全人类。

结果就是，每个国家不再有自己的宗教。

我信天主教！

阿弥陀佛，我信佛教！

我信伊斯兰教！

我信新教！

宗教从政治中分离出来，

国家也不再是一元制的了。

再见！

现在，世界发生了改变，君主与神父双方势力纷争的时代到来了。

第12章　宗教下的公民

227

因为政治与宗教之间的不断摩擦，基督教国家的内部一直纷争不断。

！！！

又打起来了……

谁也劝不了……

人民也犹豫不决，不知道自己是应该服从于君主，还是服从于神父。

是跟着国王呢？还是跟着神父？

我哪儿知道。

不过不管怎样，基督教还是在欧洲各国传播开来。

甚至可以说，它已经影响到了整个世界。

但是，虽然受到相同的影响，英国和俄国发生的变化却略有不同。

英国在16世纪以亨利八世的离婚为契机，

协议离婚
亨利八世的离婚得到法律认定。
亨利八世

从罗马教会中分离出来。

罗马

我们要独立了。

之后就建立了英国国教，

英国的国王就是教会的领袖，

这个教会虽然很接近于新教，但是在意识上还保留了天主教的大量元素。

也称为英格兰圣公会。

圣公会

俄国的东正教是基督教的东正教中最大的教派。

228　卢梭的社会契约论

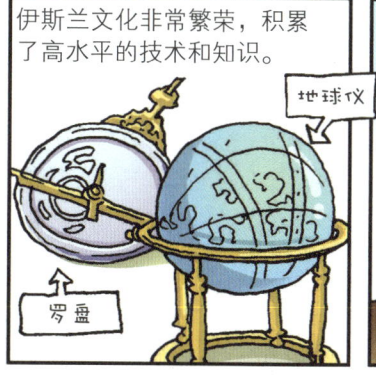

俄国东正教是15世纪从拜占庭教会中独立出来的。	英国和俄国两国，都是由国王来担任教会的领袖。	卢梭认为，无论是英国的国王，还是俄国的沙皇，
其力量都要比教会中的神父薄弱得多。	那些教士既是主人，又是立法者。	而国王和沙皇只是教会的大臣而已。
因此，英国和俄国其实也与其他地方一样，都同时存在着君主和神父两个主权者。	阿拉伯人的情况则正好相反，	穆罕默德和他的继承者哈里发，将宗教与政治很好地联系在了一起，并治理得非常好。
伊斯兰文化非常繁荣，积累了高水平的技术和知识。	但后来，阿拉伯人还是被外族所征服，	宗教和政治也开始分裂。

第12章　宗教下的公民

卢梭将宗教分成两种，人类的宗教和公民的宗教，并分别加以说明。

首先是人类的宗教，这是人们对至高无上的上帝发自内心的纯粹崇拜，是人们在道德上的永恒义务。

人类的宗教 — 公民的宗教

嗯，大致可以分成两种！

上帝保佑，上帝保佑！

请赐给我一个儿子吧！

作为真正的有神论，他们忠实于福音世界。

它没有庙宇、祭坛，也没有任何形式，因为那都被看成是一种罪过。

总之一句话，这是一种纯粹而朴素的宗教。

只走福音书中提示的道路。

我相信的是石神，才不需要那些华丽的宫殿！

公民的宗教是只对应于一个国家的，前面提到的那些古代的宗教，都是公民的宗教。

人们的义务和权利都被限定在这个宗教的范围内。

公民的宗教有着各自的教义和教仪，有法定的崇拜方式。

公民的宗教

义务　权利

现在应该是做礼拜的时间，可是迟到了就不能进了。

此外还有第三种宗教，卢梭将这种宗教称为牧师的宗教。

喇嘛教、日本宗教、罗马基督教都是属于第三种。

卢梭认为，这种宗教让人们陷入到矛盾之中。

牧师的宗教

唰
唰

快来买任何东西都能刺穿的矛和任何东西都穿不透的盾呀！

卢梭的社会契约论

卢梭认为，这三种宗教都有自己的缺点。	其中第三种宗教的缺点最为明显，以至于根本无需讨论。 牧师的宗教不是我们的讨论范围！	那么，公民的宗教有哪些缺点呢？ **公民的宗教**
在公民宗教中，将信仰与爱国结合在了一起， **信仰=爱国**	这是一种神权政体，它教导人们，效忠于国家就是效忠于国家的守护神。 只要努力工作，神就会很高兴！	在这种宗教中，没有其他的主教或是牧师，君主就是大主教。 神让你们更加努力地工作！
行政官们就是牧师。 神让你再用力些！	于是，为国家牺牲就成了慷慨的殉道， 长眠于此 殉道者*** 以神的名义处决那个小偷！	而违反法律就是对神的不敬。
但是，这种宗教也有不好的地方。那就是它让人民变得盲从、迷信而充满暴力。	如果一味地强调宗教仪式，对神的真实崇拜便会失去光芒，	而且，这样的宗教还具有排他性。 你们不相信我们的神，那你们就是我们的敌人！

第12章　宗教下的公民

当排他性越来越强烈，全民族就会想要去杀死那些不信奉这种神的人，并将这视为神圣的行为。

啊!

这样一来，宗教就会使得这个民族将其他民族视为敌人，然后陷入到战争中。

为了我们的神而战！

哇

冲啊！

现在所剩下的就只有人类的宗教了。

人类的宗教

卢梭所说的人类的宗教，或许就是基督教。

圣经

犹大的福音书

卢梭说，这里的基督教并不是指今天的基督教，而是福音书的基督教。

这种宗教认为，大家都是上帝的子民，彼此都是兄弟姐妹。

像这样在基督教中形成的结合，是非常牢固，不会轻易解体的。

福音书的基督教，神圣、高贵，是真正的宗教。

但是，卢梭也指出了这种宗教的缺点。那就是，它与政治体制没有任何关联，因而不仅不能将公民的感情与国家结合在一起，反而让公民脱离国家。

卢梭认为，基督教的脱离尘世的精神妨碍了社会和谐，对构建人类社会没有任何帮助。

抛弃那些狭隘的思维方式和信仰吧！

卢梭认为，基督教完全是一种精神的存在，所关心的是天国的事物。

哈里路亚!

因此，基督徒的祖国并不是现实的世界，而是天国。

世间好坏无足轻重，我们想去的地方是天国。

因此，他们在现实中虽然恪尽职守，

祈祷结束了，该去干活了!

但是对于结果却并不关注。

哈里路亚!

只要自己做到问心无愧，对于其他事情都持无所谓的态度。

因为对他们来说，最重要的是去天国。

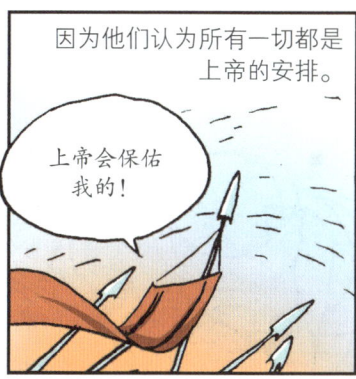

如果出现战争，基督徒们也会上战场打仗，

我不怕死!那样就可以去天国了!

但他们并不渴望获得胜利。

因为他们认为所有一切都是上帝的安排。

上帝会保佑我的!

基督教宣扬的只是奴役和服从，

无论遇到任何困难，都不能有害人之心。

这当然会让暴君们感到非常高兴，

嘿嘿嘿……一群傻瓜。

这种基督教精神往往会被暴君所利用。

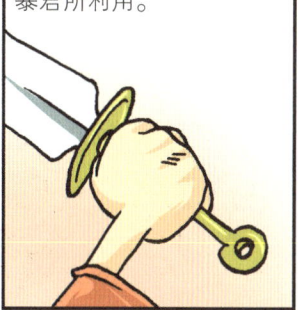

第12章　宗教下的公民　　233

被暴君利用的基督教徒们，最终只能陷入被奴役的深渊。
但教徒们却不以为然。
傻了吗？
因为在他们看来，如此短暂的人生根本没有任何意义，他们追求的是去往天堂。
教徒们只着眼于来世的解救，
哈里路亚！哈里路亚！
却不重视现实的生活。
啊！
这是神明对我的考验……
教徒们相信，
快来解救我吧……
通过基督教可以建立一个人类能够想象到的最理想、最完美的社会。
阿门
啊……为什么都是这样的家伙……
太荒谬了！
但卢梭却认为完全没有那种可能。
因为一个真正的基督徒的社会将不再是一个属于人类的社会。
不可能！
就算这种社会有可能存在，也并不是最强大的，
而且不会持久。
卢梭认为，因为这样的社会过于完美，而毁灭的祸根恰恰就存在于它的完美性之中。

卢梭认为，适合社会的公民宗教，不能是基督教这样的宗教。

理想的公民宗教

真正的公民宗教应让每个公民都热爱自己的责任，

> 太幸福了！

对于一个国家来说，是否能拥有那样一种公民宗教，是非常重要的。

理想的公民宗教，其教条应该简短，易于表达，

善良地生活！

无需任何解释和注解，也能被准确理解。

> 只要做个善良的人就行了。太简单了！

统治者不能支配公民的头脑。

每个人都可以拥有自己的意见。

因为对于心灵世界来说，统治者是没有任何权威的。

只要公民在现世是一个好公民，其他的事情统治者就不必理会了。

而这样的公民宗教也需要信仰的宣言，

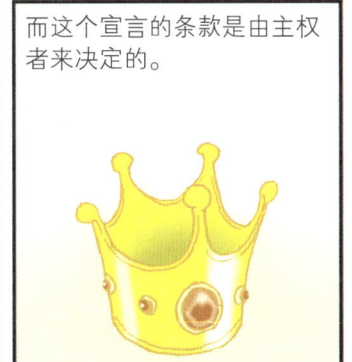

宣言

而这个宣言的条款是由主权者来决定的。

公民对这个宣言，信与不信，遵守与否，都是公民自己的事情。

> 什么乱七八糟的！我才不会去遵守呢！

第12章　宗教下的公民　235

236 卢梭的社会契约论

卢梭的这种主张现在来看没什么特别之处，
但是在当时，却是冒天下之大不韪的事情。
恶魔！
太可怕……
怎么会有那样的想法和文章！
驱逐他！
在那个时代，是根据是否信仰上帝，
这个世界上哪有什么上帝呀？
你说什么！
来区分好人与坏人的。
哎哟！
即使同为基督教，还分为天主教和新教，相互视对方为异端邪教，
邪教！
胡说！
在那样的一个时代，卢梭的这种宗教观是很难被接受的。
爱弥儿
卢梭被看作是亵渎神明的违法者。
现在，宗教仍然对我们的生活产生很大的影响。
虽然没有以前那么严重，但宗教问题依然十分敏感。
甚至还有人将宗教用作伤害别人的工具。
我是神的儿子！
捐的钱越多，就会离天国越近。
希望在不久的将来，无论是否信仰宗教，无论信仰哪种宗教，人们都能和谐共处。
任何一种宗教，最终强调的，其实都应是一样的——那就是爱与和平。

原始基督教

教会的时代划分

"原始"一词，指的是"最初的"。因此，原始基督教指的就是基督教刚刚开始时的初期基督教。如果换一种表达方式，也可以叫作第一代教会。基督教教会的历史可以分为古代、中世纪、近代、现代，原始基督教则属于古代。

记录、殉教和传道的时代

首先，在使徒时代，基督教已经传播到了小亚细亚和罗马等地，《新约全书》中有所记载。很多使徒选择殉道，因为保罗的皈依和传道，促使基督教发展成为一种世界宗教。当时作为保罗传道中心地的罗马也是文化的中心，交通便利，希腊语和拉丁语通用，这些都非常有利于基督教的传播。另一方面，罗马的奴隶买卖制度，父母对子女有着绝对的权力等习俗，也是促使基督教发展的主要因素。

使徒后时代则是充斥着迫害组成的时期，但另一方面，也促进了传道活动的发展。不过，由于受到希腊哲学、东方宗教等其他宗教的影响，基督教也经历了一个思想大混乱的时期。

▲ 为原始基督教传播奠定基础的使徒圣·保罗。

确立了制度性宗教的位置

尼西亚会议时代指的是从313年的米兰敕令后确认基督教的合法地位开始，到590年教宗额我略一世即位。尼西亚会议是最早的世界性宗教大会。期间对于作为上帝之子降临人世的耶稣到底是神还是人展开了激烈的争论，并对耶稣做出了神学定义。

会议做出了这样的阐述：我们相信唯一的上帝，无所不能的天父，有形物与无形物的创造者。我们相信唯一的基督耶稣，上帝的儿子，上帝的独生子，通过他万物始生。会议确立了基督教的基本教义，也就是三位一体说。

▲ 确立了基督教三位一体说的尼西亚会议。

基督教的光明与黑暗

原始基督教在对人类灵魂的救赎方面，与神秘主义的宗教有着明显的区别，而这也为基督教带来了最终的胜利。特别是基督教信仰的救世主的教诲，无论是对于无知的底层人民还是高级知识分子，都有着强大的号召力。这也有利于基督教势力的扩大。

基督教被认定为古罗马帝国的国教，并获得了强大的势力，这对于基督教的发展当然有着积极的意义，但是如果站在整个人类文明的立场上来看，则并不是那样的。在罗马帝国时代结束后，欧洲进入了中世纪。中世纪的欧洲是以基督教为中心的世界观占据支配地位的时代，而从科学和人文主义方面来说，则可以说是进入了一个黑暗的时代。

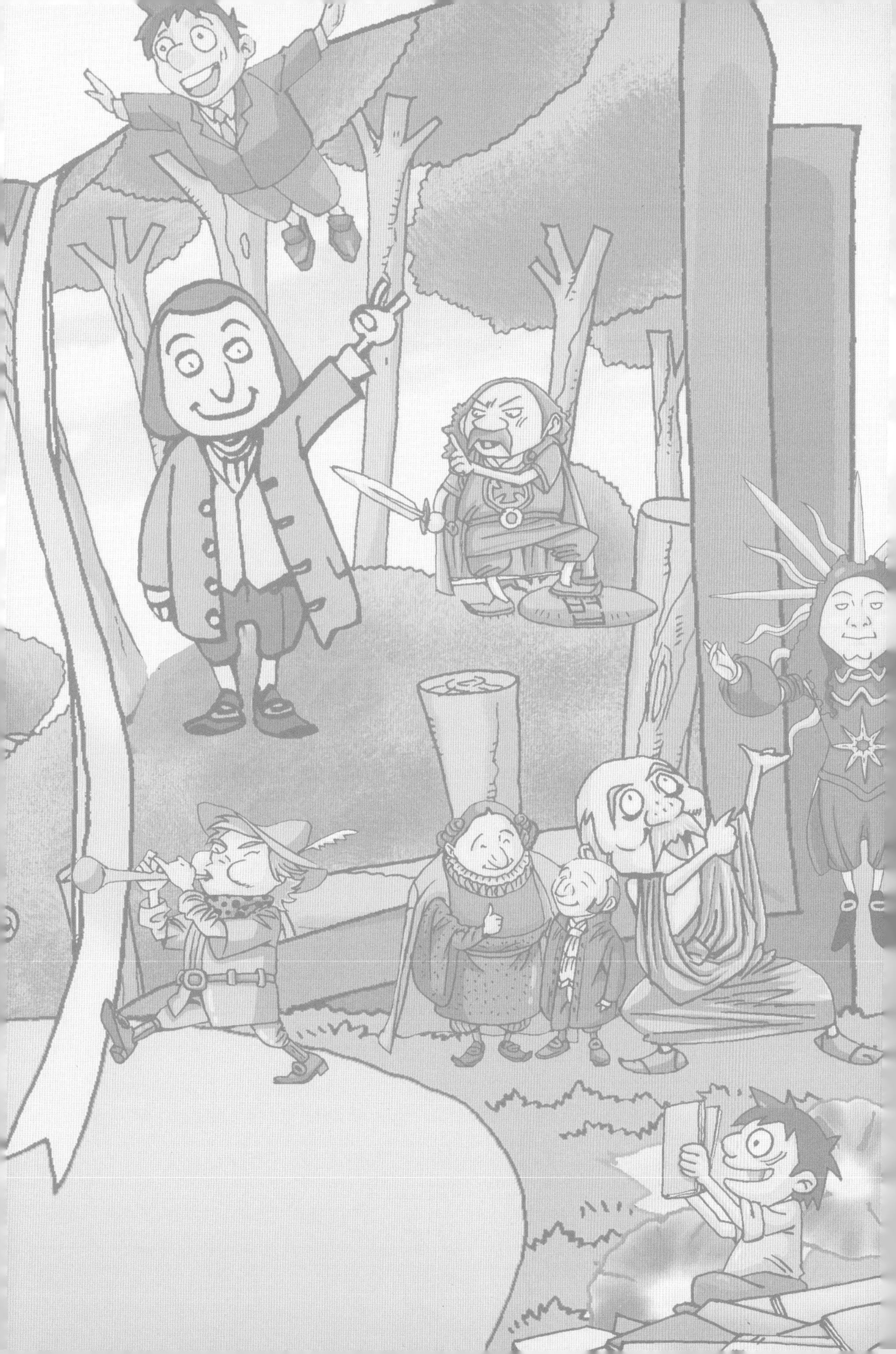

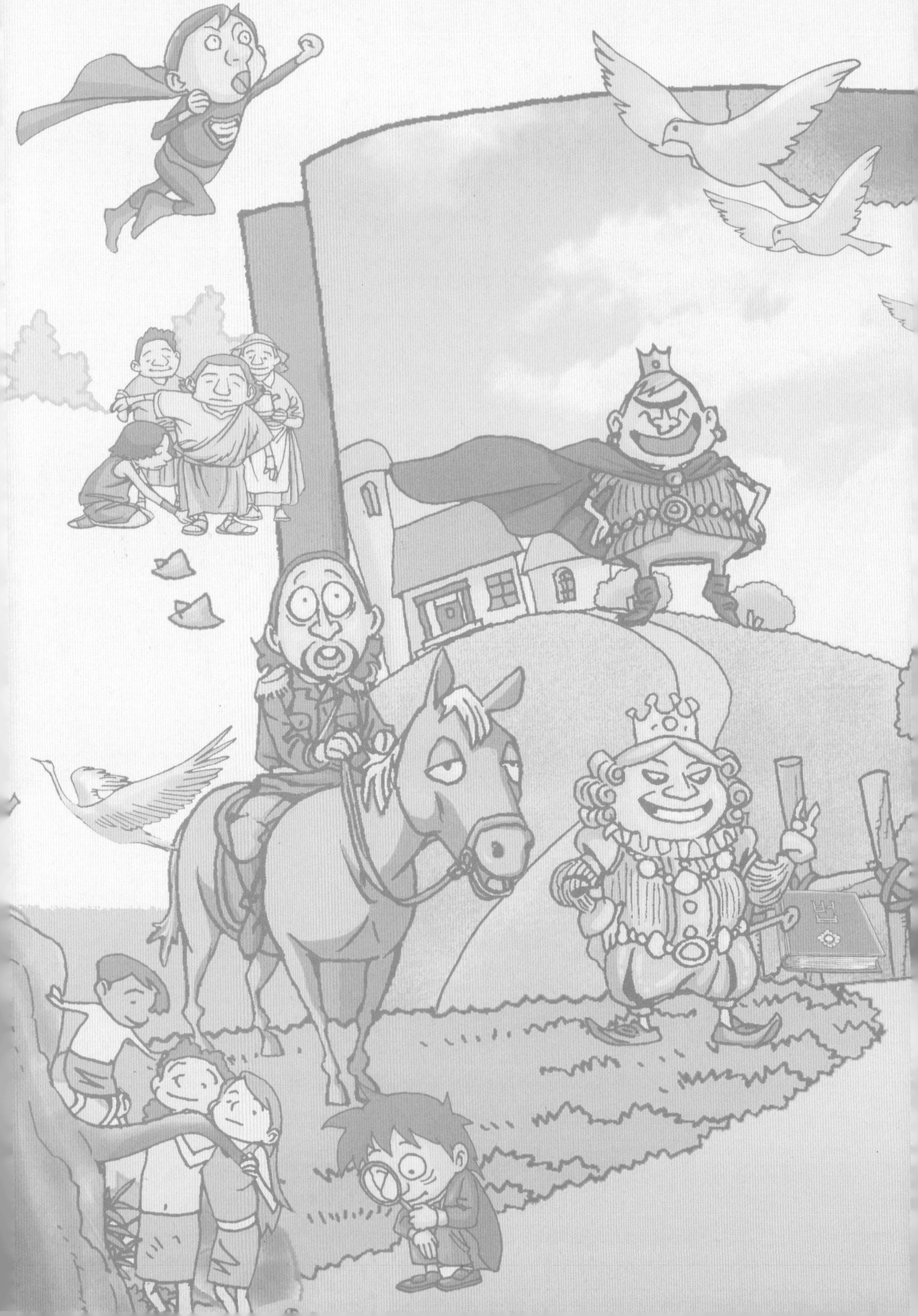

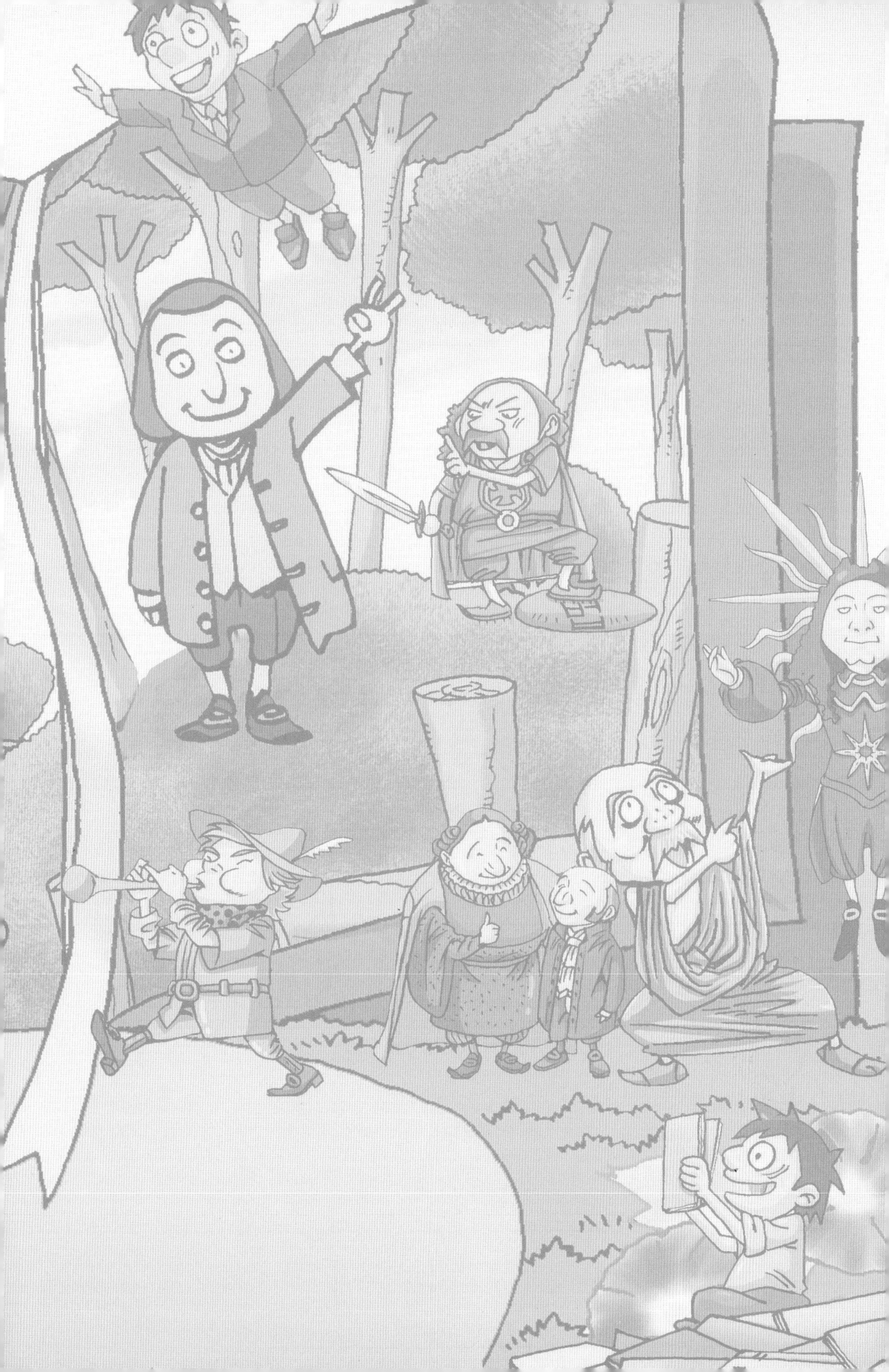

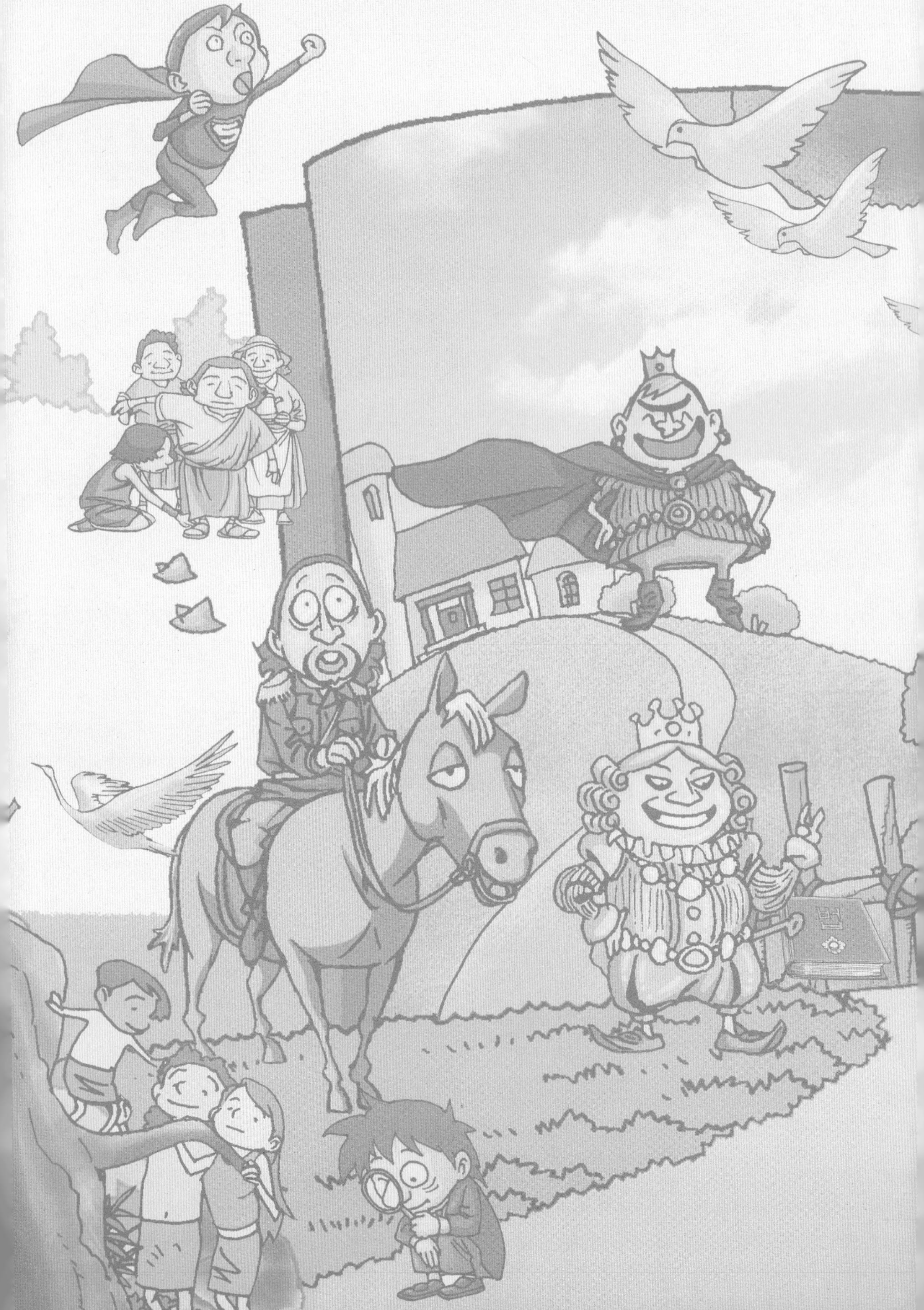